Katja Reider
Ganz geheim!

Katja Reider

Ganz geheim!

Mit Illustrationen von Silke Brix

Hase und Igel®

Für Lehrkräfte gibt es zu diesem Buch
ausführliches Begleitmaterial beim Hase und Igel Verlag.

www.hase-und-igel.de
Lektorat: Birgit Fürst
Druck: CPI – Ebner & Spiegel, Ulm

ISBN 978-3-86760-171-9
1. Auflage 2014

Inhalt

1. Kapitel

Valerie Superstar

„Jetzt starr da nicht so rüber!", zischt Fine und zieht mich energisch auf die andere Seite des Schulhofs.

„Hey, lass mich doch!" Ich versuche mich aus Fines Griff zu winden. „Wieso soll ich denn nicht gucken? Genau das will Valerie doch: ein Publikum für ihre Zirkusvorstellung!"

„Zirkusvorstellung?" Fine starrt mich verständnislos an.

Ich verdrehe die Augen. Wieso ist Fine, meine Verbündete und weltbeste Freundin, denn heute derartig begriffsstutzig? Fine und ich verstehen uns doch sonst auch ohne viele Worte.

Fines richtiger Name ist natürlich Josefine, aber ich nenne sie immer nur Fine. Seit dem ersten Schultag hängen wir zusammen. Fine und ich waren nämlich die Einzigen in der Klasse, die keine Socke kannten. Frau Kramer, unsere Lehrerin, hat uns damals zwar dauernd erzählt, dass wir jetzt alle ganz viele tolle neue Freundschaften knüpfen würden. Aber Fine und ich waren froh, dass wir uns gegenseitig hatten. Und dabei blieb es. Obwohl die meisten bei uns in der 4b wirklich okay sind – bis auf, ja, bis auf Valerie! Valerie Superstar und ihre Gala-Vorstellungen …

Wieder linse ich rüber zu der Gruppe, die sich auf einem der großen Kletterfelsen am Rand des Schulhofs niedergelassen hat. Wie üblich thront Valerie in der Mitte. Wie üblich führt sie das große Wort. Und wie üblich hängen Anna, Caro und Leonie hingebungsvoll an ihren Lippen. Sogar ein paar der Jungs schielen neugierig zu der Gruppe rüber.

„Was labert Valerie denn schon wieder?“, frage ich Fine.

„Keine Ahnung!“ Fine zuckt die Achseln. „Vorhin klang es so, als wollten die einen Club gründen.“

„Einen Club?“, echoe ich verständnislos. „Was denn für einen Club?“

Fine grinst. „Wahrscheinlich den ersten echten Valerie-Fanclub. Mit ihr selbst als Vorstand.“

„Das wäre ihr zuzutrauen“, murmle ich.

Irgendwie hat Valerie von Anfang an eine Sonderrolle in unserer Klasse gespielt. Ich kann nicht mal genau sagen warum. Sicher, Valerie hat immer auffallende Klamotten an. Kein Wunder, ihre Mutter führt einen Laden ganz in der Nähe unserer Schule. Da gibt's jede Menge schickes Zeug: Markenshirts, Sneakers mit Glitzer, Tücher, tolle Schlüsselanhänger und so weiter.

Aber das allein ist es nicht. Nein, Valerie steht einfach immer im Mittelpunkt. Ihre Stimme ist ein bisschen lauter. Ihre Sprüche sind ein bisschen lustiger. Das heißt, die anderen *finden* sie lustiger. Und in den Pausen ist es immer dasselbe: Valerie bestimmt, was gespielt wird. Und sie entscheidet auch, wer mitmachen darf. Und wer nicht.

Fine und ich haben es längst aufgegeben, uns in die Gruppe der „Darf ich mitspielen?"-Rufer einzureihen. Das ist uns zu blöd. Wir bleiben lieber zu zweit, kicken mit den Jungs oder spielen sonst was. Die Jungs sind da nämlich unkomplizierter. Die überlegen nie, wen sie nun gnädigerweise mitspielen lassen. Entweder beim Kicken fehlt noch einer oder nicht. Aber wer da letztendlich angerannt kommt, ist schnuppe. Hauptsache, das Team ist komplett!

Aber heute ist Felix krank. Und Pablo und Tim hocken in der Ecke und tauschen Fußballsticker.

Nee, darauf hab ich nun wirklich keine Lust! Und Fine auch nicht. Nervtötende Fußball-Fachsimpeleien muss sie sich schon zu Hause genug anhören. Fine hat nämlich zwei ältere Brüder und einen fußballverrückten Vater. Das reicht fürs ganze Leben!

Nach der Pause haben wir Kunstunterricht. Kunst ist mein Lieblingsfach. Und heute besonders, Frau Kramer lässt uns nämlich unsere Lieblingstiere malen. Ich überlege kurz und dann fange ich an, eine Katze zu zeichnen. Ich liebe Katzen, echt! Wir hätten auch längst eine zu Hause, wenn Papa nicht so eine doofe Katzenhaar-Allergie hätte. Aber da kann man nix machen. Das sehe ich ein.

Eifrig pinsele ich vor mich hin. Der Katzenkopf gelingt mir gut, aber der Körper sieht aus wie ein grau getupfter Mehlsack. Mit den vier Pfoten habe ich auch meine Schwierigkeiten. Ich seufze. Vielleicht hätte ich doch lieber einen Wal oder einen Delfin malen sollen? Die haben wenigstens keine Beine.

Ich linse rüber zu Fine. Klar, Fine malt natürlich einen Pinguin. Fine liebt Pinguine! Ihr ganzes Zimmer ist voll davon: Pinguinposter, Pinguinfiguren, Pinguinspardosen, Pinguinbücher … Seit Neuestem schläft Fine sogar in Pinguinbettwäsche! Heute ist Fines Leidenschaft für die Viecher im Frack echt von Vorteil: Die sind nämlich ziemlich einfach zu malen, finde ich.

Ich schaue mich um. Die anderen haben Hunde gemalt (schwierig!) oder Ponys (noch schwieriger!) oder ihre Meerschweinchen (leicht!) und Kaninchen (babyleicht!). Nur Valerie Superstar muss natürlich mal wieder aus der Reihe tanzen. Wie üblich! Frau Kramer ist neben Valerie stehen geblieben und betrachtet verwundert ihr Bild. Jetzt hält sie es hoch, sodass alle es sehen können.

„Guckt mal", strahlt Frau Kramer, „was für ein Tier Valerie am liebsten mag!"

Lustlos schaue ich auf. Eine Schlange! Na toll!

„Das ist aber ein ungewöhnliches Lieblingstier, Valerie", lächelt Frau Kramer. „Wie kommst du denn darauf?"

Valerie setzt sich in Pose. Oje, ich ahne es schon: Jetzt kommt wieder eine dieser zahllosen Valerie-Geschichten, in denen sie selber ganz zufällig die Hauptrolle spielt.

„Also, Jonas, das ist der beste Freund meines großen Bruders", fängt Valerie an, „der hat ein

Terrarium. Und da ist eine Schlange drin. Na ja, und als Jonas das Terrarium letztens sauber gemacht hat, da durfte ich die Schlange auf den Arm nehmen!“

„Iiiihhh!“

„Echt?!“

„Und wie fühlt sich das an?“

„Hattest du keine Angst?“

Alle rufen durcheinander. Und Valerie steht mal wieder im Mittelpunkt.

Jetzt schüttelt sie den Kopf. „Nö, Angst hatte ich nicht! Die Schlange hat sich ganz toll angefühlt. Sie war richtig warm und kein bisschen glitschig. – Na ja, und seitdem sind Schlangen eben meine Lieblingstiere! So ein Reptil ist doch viel spannender als ein doofer Dackel oder eine träge Katze ..." Valeries Blick huscht kurz über mein Bild. „Mein Vater hat gesagt, dass ich auch bald ein Terrarium kriege. Und später kaufe ich mir dann eine eigene Schlange."

In den Augen meiner Mitschüler spiegelt sich blanke Bewunderung. Selbst der großmäulige Cem kriegt den Mund nicht mehr zu. Und Theresa dreht verschämt das Bild von ihrem „doofen Dackel" um.

Boah, das ist ja nicht auszuhalten!

„Könnte ich mein Bild jetzt bitte wiederhaben, Frau Kramer?", zwitschert Valerie. „Es ist noch nicht ganz fertig."

Die Lehrerin gibt Valerie ihr Bild zurück. „Hier, bitte, aber die Anschaffung einer Schlange würde ich mir gut überlegen, Valerie. Ich glaube, diese Tiere fühlen sich in ihrer natürlichen Umgebung sehr viel wohler als in einem kleinen Glaskasten bei uns zu Hause."

„Das kommt darauf an, wic man mit ihnen umgeht", erklärt Valerie.

Ich schnappe nach Luft. Echt, das gibt's ja wohl nicht! Bloß, weil sie ein einziges Mal eine Schlange auf dem Arm gehabt hat, führt sich Valerie hier gleich als Reptilexpertin auf. Und die anderen gehen ihr mal wieder voll auf den Leim. Wie immer! – Ach, das Leben ist ungerecht und Valerie ist eine Nervensäge. Und mein Katzenbild gefällt mir plötzlich auch nicht mehr.

2. Kapitel

Wer braucht schon einen Club?

Wenigstens ist die Schule für heute zu Ende. Eilig packen wir unseren Kram zusammen und stürmen nach draußen. Ich bin sehr froh, dass Fine, Pablo und ich fast denselben Heimweg haben. So kann ich meinen Valerie-Frust gleich loswerden.

„Himmel, ging mir Valerie eben mal wieder auf den Geist“, ächze ich.

„Na ja, aber die Geschichte mit der Schlange war doch echt ganz cool“, meint Pablo.

Wie bitte? Ich werfe ihm einen vernichtenden Blick zu. Jungs haben manchmal wirklich eine höchst merkwürdige Wahrnehmung …

Fine grinst. „Wartet mal ab, bis Valerie ihren Club gründet. Dann wird das mit ihrer Wichtigtuerei bestimmt noch viel schlimmer!“

Nachdenklich schiebt sich Pablo einen Kaugummi-Streifen in den Mund. „Was macht man eigentlich in so einem Club?“

„Kommt drauf an.“ Fine zuckt die Achseln. „Ich denke, die meisten Clubs stellen irgendwelche

Regeln auf, an die sich dann alle Mitglieder halten müssen."

„Was denn für Regeln?"

Fine überlegt einen Moment. „Ach, irgendwas Bescheuertes eben, wie: Alle Clubmitglieder müssen versprechen, nie wieder Fischstäbchen zu essen. Oder sich niemals mit Rothaarigen einzulassen und immer nur auf der linken Straßenseite zu gehen. Oder sie versprechen, das jeweilige Clubmaskottchen ständig bei sich zu tragen. Na, so was in der Art eben. Alles natürlich immer ganz geheim und ..."

„Was ist denn ein Maskottchen?", unterbreche ich Fine.

„Eine Art Glücksbringer", erklärt sie. „Meistens ist das irgendein Plüschtier oder so. Na, und außerdem schwören sich natürlich alle Clubmitglieder ewige Treue. Nach dem Motto: Einer für alle und alle für einen."

Fine kennt sich ja echt gut aus. Auch Pablo wirkt beeindruckt. „Du meinst, mit Blutsbrüderschaft und so?", fragt er. „Wie bei Winnetou und Old Shatterhand?"

Fine kichert. „Ich glaube nicht, dass Valerie und ihr Anhang so weit gehen werden."

„Abwarten“, sage ich.

Das mit der Blutsbrüderschaft haben Fine und ich letztens in einem alten Winnetou-Film gesehen. Der Streifen war vor ungefähr hundert Jahren mal Mamas Lieblingsfilm. Sie hat uns gestanden, dass sie in diesen Winnetou-Darsteller mal richtig verknallt war. Aber wir fanden den Film auch nicht schlecht. Dieser Winnetou war ein Indianer, genauer gesagt: der Häuptling der Apachen. Er hatte immer ziemlich lässige Lederklamotten an und ultralange Haare, die im Wind

wehten, wenn er über die Prärie ritt. (Und das tat er meistens.) Winnetou war edel und total mutig. Er wollte verhindern, dass böse Bleichgesichter den Indianern ihr Land wegnehmen und dauernd Feuerwasser zu trinken geben. Und dabei hat ihm sein Freund Old Shatterhand geholfen. (Ich glaube nicht, dass Shatterhand sein richtiger Name war, aber egal.) Um ihre Freundschaft zu besiegeln, haben sich Winnetou und Old Shatterhand beide in ihre Unterarme geschnitten. Dann haben sie ihre Arme aufeinandergepresst und so ihr Blut vermischt. Danach waren sie Blutsbrüder. Ich hab das nicht so richtig verstanden. Weil das bestimmt höllisch wehgetan hat. Und Fine meinte auch, dass es doch gereicht hätte, wenn die beiden Freundschaftsringe getauscht hätten, so wie wir beide. Aber vielleicht gab es so was damals noch nicht. Ich muss Mama noch mal fragen.

Wie üblich blickt Mama erschrocken auf, als ich die Wohnungstür aufschließe. „Oje, ist es schon so spät? Das hab ich gar nicht gemerkt! Hast du großen Hunger, Mäuschen? Warte, ich fang gleich an zu kochen!“

Mama arbeitet als Übersetzerin von zu Hause aus. Und es ist jeden Tag dasselbe: Wenn sie am Computer sitzt und eine ihrer abgedrehten Science-Fiction-Geschichten übersetzt, vergisst sie die Zeit. Daher werde ich quasi jeden Tag wie ein Marsmännchen empfangen, das urplötzlich auf Mamas Küchenplaneten landet und eine warme Mahlzeit erwartet. Ich glaube, Mama liebt das alltägliche Kochen etwa ebenso sehr wie Zahnarztbesuche. Glücklicherweise hat sie in unserem Tiefkühlschrank einen treuen Verbündeten.

Hektisch wühlt Mama in den Frosterschubladen herum. „Magst du vielleicht eine Pizza, Maja?"

„Nee, Pizza hatten wir doch erst gestern", antworte ich.

„Ach ja, stimmt …" Mama runzelt die Stirn. „Aber eine Gemüsepfanne ist hier noch. Warte, die mach ich dir ruck, zuck warm!"

Während Mama die Pfanne auf den Herd stellt, setze ich mich an den Küchentisch und schenke mir ein Glas Milch ein.

„Na, wie war's heute?", fragt Mama.

Das fragt sie jeden Tag. Fine hat mir erzählt, dass ihre Mutter sie das auch ständig fragt. Überhaupt: Wahrscheinlich stellen alle Mütter in dieser Stadt um exakt diese Uhrzeit exakt diese Frage. Und alle Kinder geben exakt dieselbe Antwort, nämlich: „Och, wie immer." Um dann wieder in dumpfes Schweigen zu verfallen, bis die dampfenden Hackfleischbällchen, Sahnenudeln oder Pfannkuchen vor ihrer Nase stehen und sie langsam zu neuem Leben erwecken. Ich beschließe, zur Abwechslung heute schon vor dem ersten Bissen einen Laut von mir zu geben.

„Warst du schon mal in einem Club?", frage ich.

„Club?", echot Mama. Ihre Stimme klingt überrascht. Das ist wahrscheinlich weniger auf meine Frage zurückzuführen als vielmehr darauf, dass ich überhaupt etwas gesagt habe, bevor das Essen auf dem Tisch steht. Das ist Mama nicht gewohnt. Und Erwachsene sind schreckliche Gewohnheitstiere. Das habe ich schon oft festgestellt.

Meine Mutter hat ihre Sprache wiedergefunden: „Ja, früher, da war ich mal im Tennisclub. Bis ich diesen dummen Bänderriss hatte. Aber das weißt du doch. Warum fragst du?"

„So eine Art Club meinte ich doch nicht, Mama! Ich dachte eher an einen … na ja … Geheimclub eben."

„Ach so." Anscheinend hat sie jetzt kapiert, um was es geht. Sie überlegt, aber dann schüttelt sie den Kopf. „Nein, so was gab es bei uns nicht. Und wenn, dann hätte ich wahrscheinlich nicht mitgemacht."

Das überrascht mich jetzt aber. „Und warum nicht?"

Meine Mutter häuft Gemüse auf meinen Teller. „Ach, weil solche Clubs oft nur dazu dienen, sich nach außen abzuschotten und andere Menschen auszuschließen. Das gefällt mir nicht. Diese ganze Geheimnistuerei und das plötzliche Schweigen, wenn jemand anders dazukommt … Das alles war nie mein Ding."

„Also, ich stell es mir schon irgendwie toll vor, Geheimnisse zu teilen", wende ich ein. „Ist bestimmt schön … kribbelig."

„Mag sein", lächelt Mama. „Aber warum fragst du überhaupt? Willst du mit Fine zusammen einen Geheimclub gründen?"

Ich pruste los. „Quatsch! So was brauchen wir nicht!"

„Stimmt", nickt Mama. „Wenn zwei sich so gut verstehen wie Fine und du, dann wissen sie auch so, dass sie sich aufeinander verlassen können. Dafür brauchen sie keinen Club."

Eins muss man Mama lassen: Wenn sie recht hat, hat sie recht.

3. Kapitel

Geheimnisvolle Zeichen

Am nächsten Morgen habe ich Valeries Club schon fast vergessen, bis Fine mich in der Pause antippt: „Hey, siehst du, was ich sehe?"

Heute bin ich diejenige, die spät schaltet. Verwirrt schaue ich mich um. Hab keine Ahnung, was Fine meint! Aber dann, urplötzlich, sehe ich es auch: Valerie, Caro, Leonie und Anna tragen alle das gleiche blaue Lederband am linken Arm! Fine und ich werfen uns einen Blick zu. Das Band kann doch nur ein Erkennungszeichen sein.

„Anscheinend haben die vier tatsächlich einen Club gegründet", flüstert Fine mir zu. „Und Valeries Mama hat großzügig das Clubabzeichen gespendet. Diese Lederbändchen stammen doch mit Sicherheit aus ihrem Laden. Die sehen ziemlich affig aus! Findest du nicht?"

Ich nicke zustimmend. Irgendwie mag ich nicht mal vor Fine zugeben, dass ich diese Art Bänder eigentlich total cool finde. Erst letzte Woche hab ich Mama angebettelt, mir ein ähnliches zu kaufen. Allerdings ohne Erfolg. Jetzt bin ich heilfroh, dass Mama mein Betteln nicht erhört hat. In der Schule könnte ich das Armband jedenfalls nicht mehr tragen. Sonst würden ja alle denken, dass ich auch in diesem albernen Valerie-Fanclub bin. Nee danke!

Aber die Lederbändchen sind nicht das Einzige, was sich seit gestern verändert hat. Es kommt noch schlimmer: Sobald Frau Kramer der Klasse den Rücken zukehrt, verständigen sich Valerie und ihre Freundinnen jetzt in einer dämlichen Zeichensprache. Da, schon wieder bewegt Anna blitzschnell ihre Finger Richtung Valerie! Die antwortet sofort mit neuen Fingerzeichen, woraufhin Anna anfängt zu kichern. Anscheinend hat auch Leonie die Zeichen verstanden. Denn sie prustet gleichfalls los. Wir anderen verstehen natürlich nur Bahnhof. Aber das ist ja der Sinn der Sache.

Frau Kramer hat die wachsende Unruhe hinter ihrem Rücken bemerkt. „Darf ich auch mitlachen?“, fragt sie mit einem Anflug von Schärfe in der Stimme.

Anna und Leonie wechseln einen schnellen Blick und versuchen vergeblich ihr Kichern zu unterdrücken.

„Entschuldigung, F-F-Frau K-Kramer“, presst Anna mit hochrotem Kopf hervor. „B-B-Bitte, wir … wir hören gleich auf.“ Und schon prusten sie wieder los. Klarer Fall von Lachkrampf! Normalerweise hätte ich Mitleid mit Anna oder ihre Kicherei würde mich anstecken. Aber heute nicht. Heute bin ich nur genervt.

Frau Kramer scheint es ähnlich zu gehen. Sie schüttelt den Kopf. „Ich finde es ja schön, wenn ihr in meinem Unterricht so viel Spaß habt“, sagt sie. „Aber noch schöner fände ich es, Anna, wenn du die Aufgabe lösen würdest, die ich soeben an die Tafel geschrieben habe. Kommst du bitte nach vorn?"

Annas Lachanfall ist schlagartig vorbei. Während sie an die Tafel geht, gibt Valerie Caro schon wieder neue Handzeichen. Caro antwortet postwendend. Ich versuche die Zeichen zu deuten, aber Caro bewegt ihre Finger so schnell, dass ich keine Chance habe.

„Das nervt!", zische ich Fine zu.

Die nickt, schielt aber trotzdem weiter neugierig zu Valerie und Caro hinüber.

In der großen Pause geht das Theater weiter. Entweder Caro, Anna, Leonie und Valerie stecken tuschelnd ihre Köpfe zusammen oder sie geben sich über die Köpfe der anderen hinweg ihre rätselhaften Signale. Das Ergebnis ist in beiden Fällen das Gleiche: albernes Gekicher!

Fine und ich hocken mit Felix, Tim und Pablo auf dem Kletterfelsen und starren hinüber zu der Mädchengruppe um Valerie.

Felix tippt sich an die Stirn. „Jetzt spinnen die aber total, oder? Diese Handzeichen sind ja echt voll albern. Wie im Kindergarten!"

Tim beißt krachend in seinen Apfel und nuschelt: „Dasch ischt ihre Clubschprasche."

Pablo duckt sich schnell, um den Apfel-Kleinteilchen zu entgehen, die wie feiner Nieselregen aus Tims Mund sprühen. „Das ist was?“, fragt er.

„Ihre Clubsprache“, übersetze ich Tims Genuschel.

„Die vier wollen nicht, dass man sie versteht. Ist doch logo!“, ergänzt Fine. Sie wendet sich an Tim. „Woher weißt du überhaupt, dass das eine Clubsprache ist?“

Tim schluckt den Rest seines Apfels hinunter und zuckt die Achseln. „Weil Valerie es gesagt hat.“

„Was hat sie gesagt?“, hake ich nach.

Tim starrt mich verständnislos an. „Na, dass die vier einen Club gegründet haben.“

„Siehst du!“ Fine wirft mir einen Beifall heischenden Blick zu. „Ich hab es ja gleich gesagt.“

„Das mit dem Club haben wir uns schon gedacht“, kläre ich die Jungs auf. „Weil die vier alle die gleichen Armbänder tragen.“

„Was denn für Armbänder?“, fragen Felix, Tim und Pablo wie aus einem Mund.

Fine und ich verdrehen die Augen. War ja mal wieder klar: Keinem der drei sind die identischen Armbänder aufgefallen, mit denen Valerie und ihr Anhang seit heute herumlaufen. Da begreife mal einer, warum Jungs immer so gerne Detektiv spielen. Den Großteil des Tages haben die doch Tomaten auf den Augen. Die kriegen echt nichts mit!

„Wir fünf könnten doch auch einen Club gründen", schlägt Pablo plötzlich vor. „So eine Art Gegenbewegung."

„Und was für ein Club soll das sein?", fragt Fine.

Pablo zuckt die Achseln. „Keine Ahnung. Aber da fällt uns bestimmt irgendwas Witziges ein."

Die drei Jungs denken angestrengt nach.

„Wie wär's denn mit einem Detektivclub?", fragt Tim plötzlich.

„Au ja! Super Idee!" Felix nickt begeistert.

„Hey, ich habe zu Hause sogar noch eine komplette Detektivausrüstung", meldet Tim eifrig. „Ihr wisst schon: Lupe, Taschenlampe, Sonnenbrille zur Tarnung und so weiter. Ist alles da und bestens in Schuss!"

„Na toll!", sagt Fine und stopft sich gelangweilt den Rest ihres Leberwurstbrotes in den Mund, während ich demonstrativ gähne.

„Was habt ihr beiden denn gegen die Idee?", mault Tim.

Fine und ich wechseln einen Blick.

„Wie ihr aus euren zahlreichen Detektivbüchern sicherlich wisst, brauchen Detektive vor allem eins: einen ungelösten Fall“, kläre ich Tim dann geduldig auf. „Und? Haben wir hier irgendetwas, das auch nur annähernd aussieht wie ein ungelöster Fall?“

Die Jungen schütteln betreten ihre Köpfe.

„Na also“, sage ich.

Und damit ist das Thema erledigt.

4. Kapitel

Von Wichtigen und Unwichtigen

Der nächste Tag ist ein Donnerstag. Da gehen Fine, Pablo und ich immer nach der Schule zusammen schwimmen. Manchmal schleppt Pablo Tim mit oder wir Selina. Selina ist eine der Stillen in unserer Klasse. Sie meldet sich nur selten und man übersieht sie leicht. Aber seit Fine, Pablo und ich vor Jahren denselben Schwimmkurs gemacht haben wie Selina, gehen wir eben donnerstags ab und zu zusammen schwimmen. Am Anfang war natürlich immer ein Erwachsener dabei. Vor allem meine Mutter hatte Angst, dass wir untergluckern, während der Bademeister auf dem Klo ist oder irgendwelchen Bikini-Schönheiten nachschaut (was er meistens tut). Aber nachdem wir alle im letzten Jahr unser Silberabzeichen gemacht haben, dürfen wir alleine gehen. Wurde auch Zeit!

„Treffen wir uns nachher unten am Tor?", rufe ich Selina in der Pause zu.

Sie schüttelt den Kopf. „Nee, du, ich komm heute nicht mit!"

„Aber du hast doch dein Schwimmzeug dabei, oder? Ich hab deinen Rucksack gesehen!"

„Da ist was anderes drin", sagt Selina eilig.

Irgendetwas an ihrem Ton lässt mich aufhorchen. „Und was?", frage ich.

Selinas Gesicht läuft rot an. „Das … äh … möchte ich nicht sagen."

Verwirrt schaue ich sie an. „Wieso denn nicht?"

Selina zuckt schweigend die Achseln. Und plötzlich bleibt mein Blick an ihrem Handgelenk hängen. Wieso ist mir das denn nicht gleich auf-

gefallen? Selina trägt ja auch ein blaues Bändchen! Genau das gleiche wie Valerie, Anna, Caro und Leonie …

„Gehörst du jetzt etwa auch zu diesem Club?“, frage ich ungläubig.

Selina nickt zögernd. Ein Hauch von Stolz fliegt über ihr blasses Gesicht. „Ja. Seit gestern.“

„Ach so.“ Mehr fällt mir dazu nicht ein.

„Heute Nachmittag haben wir Clubtreffen“, erzählt Selina. „Deswegen kann ich nicht mit euch schwimmen gehen.“

„Und was macht ihr da so?“, frage ich. „Also, bei diesen Treffen, meine ich.“

Selinas Gesicht verschließt sich. „Darüber darf ich nicht sprechen. Ist alles ganz geheim, verstehst du?“

„Ach so, klar“, sage ich lahm. „Na dann: Viel Spaß. Vielleicht kommst du ja nächste Woche wieder mit schwimmen …“

Aber Selina ist schon weitergegangen.

„Habt ihr mitgekriegt, dass Selina jetzt auch zu Valeries Club gehört?“, frage ich Fine und Pablo, während wir rüber zum Schwimmbad schlendern.

Fine nickt. „Sie ist nicht die Einzige. Tuley trägt auch ein Armband. Ist dir das nicht aufgefallen?"

Ich schüttle den Kopf. „Nee." Anscheinend bin ich heute blind durch die Gegend gelaufen. „Hast du Tuley darauf angesprochen?", frage ich.

Fine angelt ein belegtes Brot aus ihrer Tasche und wickelt es aus. „Ja, aber sie hat nicht viel gesagt, tat sehr geheimnisvoll."

„Genau wie Selina", sage ich nachdenklich.

„Mensch, wieso interessiert euch das eigentlich so mit diesem Club?", unterbricht uns Pablo. „Lasst die doch einfach machen. Ist doch egal."

„Ist es nicht!", blitze ich ihn an. „Dieser Club spaltet bald die ganze Klasse. Das ist total blöd!"

Fine beachtet unser Geplänkel gar nicht. „Wisst ihr, was mich wundert?", sagt sie. „Dass sich Valerie und Co. ausgerechnet Selina und Tuley ausgesucht haben. Ich meine, mit denen haben sie doch sonst überhaupt nichts zu tun."

„Stimmt", nicke ich. „Bisher waren Selina und Tuley Valerie ganz einfach nicht wichtig genug. Die beiden sind ja alles andere als Klassenstars."

„Wieso? Selina kommt doch mit allen gut klar", sagt Pablo.

„Tuley auch“, meint Fine. „Aber die zwei sagen halt nicht viel.“

„Und warum mischen die jetzt bei diesem seltsamen Club mit?“ Ich schüttle den Kopf. „Das kapiere ich nicht! Selina war richtig stolz drauf. Du hättest mal ihr Gesicht sehen sollen, als sie von dem Treffen erzählt hat. Echt, sie ist fast geplatzt vor Begeisterung!“

„Kein Wunder“, sagt Fine, „die beiden gehören jetzt dazu.“

„Wozu?“

„Na, zu den Wichtigen in der Klasse“, meint Fine.

Ich fühle einen kleinen Stich in der Magengegend. „Und wir?“, frage ich. „Zählen wir zu den Unwichtigen?“

Fine zuckt die Achseln. „Ach, ich glaube, wir sind so in der Mitte“, sagt sie vage.

Pablo blickt zwischen Fine und mir hin und her, als hätten wir nicht mehr alle Tassen im Schrank. „Also, bis gleich dann“, sagt er, wirft sich seine Sporttasche über die Schulter und verschwindet kopfschüttelnd in der Jungenumkleide.

Ich werfe Fine einen schnellen Seitenblick zu. Jetzt will ich es aber genau wissen: „Stört dich das denn?", frage ich sie. „Ich meine, würdest du auch gerne zu den Wichtigen gehören?" So richtig ist mir der lockere Ton nicht gelungen.

Fine scheint meine Frage auch gar nicht als Scherz aufgefasst zu haben. Sie überlegt einen Moment, dann sagt sie leise: „Vielleicht. Doch, ja, manchmal schon, glaub ich …" Sie schaut mich unsicher an. „Du etwa nicht?"

„Nein", sage ich fest. „Wenn ich dafür nach Valeries Pfeife tanzen und mich mit diesen albernen Handzeichen verständigen müsste – nein danke!"

„Ach, diese Geheimsprache finde ich eigentlich ganz lustig", sagt Fine. „Sie ist sogar richtig leicht zu lernen. Man bildet die einzelnen Buchstaben eines Wortes einfach mit den Fingern nach. Das meiste ist ganz logisch. Guck mal, so!" Fine legt drei Finger der rechten Hand flach in ihren linken Handteller. „Das ist beispielsweise ein M, ein Finger weniger ist natürlich ein N und ein erhobener Zeigefinger stellt ein I dar. Na, und so weiter. Es ist echt nicht besonders schwer. Ich hab heute schon einiges von dem verstanden, was sie sich mitgeteilt haben."

„Wirklich?", frage ich überrascht. Ich selber hab immer extra sofort woanders hingeguckt,

wenn Valerie und Co. mit ihrer Zeichensprache anfingen. Damit die sich nicht noch wichtiger fühlen, als sie es sowieso schon tun! Fines plötzliches Interesse an diesem Club verletzt mich. Was ist denn nur mit ihr los?

„Und? Was haben sie sich Spannendes mitgeteilt?“, frage ich, während wir uns umziehen.

Fine stopft ihre Sachen in den Schrank und schließt ab. „Ach, zuerst haben sie über Sarah abgelästert. Du weißt schon: Dass sie immer dicker wird und so.“

„Na bitte, ich wusste es doch!“, sage ich empört. „Sie nutzen ihre blöde Geheimsprache, um sich über andere lustig zu machen. Das ist doch voll fies!“

Fine stößt mich in die Seite. „Jetzt sei nicht albern, Maja! Wir lästern doch auch über Sarah, oder etwa nicht?“

„Stimmt“, gebe ich zu, „aber nicht so, dass sie's mitkriegt. – Das ist was anderes.“

Fine wirft mir einen schnellen Seitenblick zu. „Wenn du meinst ...“ Sie wühlt in ihrer Tasche nach ihrer Schwimmbrille. „Außerdem haben sie sich darüber verständigt, was sie heute Nachmittag vorhaben.“

„Und was ist das?“ Himmel, muss ich Fine denn heute alles aus der Nase ziehen?

„Sie machen so eine Art Picknick in Valeries Garten.“

„Ist das denn so etwas Besonderes?“

Fine zuckt die Achseln. „Na ja, es ist kein normales Picknick, sondern ein ‚Pink Picknick‘. Das heißt, jede von ihnen bringt etwas Pinkfarbenes oder Rotes zu essen mit. – Also zum Beispiel Paprika, Tomaten, Mäusespeck, Erdbeermilch und so weiter. Die Idee finde ich ganz witzig. Du nicht?“

„Nö!“ Ich schüttle energisch den Kopf. „Kein bisschen! Und Paprika kann ich sowieso nicht leiden!“

Wir nehmen unsere Taschen und gehen damit rüber zu den Duschen. Als eine frei wird, stelle ich mich rasch drunter und lasse das Wasser auf meinen Kopf prasseln. Reden können wir so

nicht mehr. Fast bin ich froh darüber. Es kommt nur sehr selten vor, dass Fine und ich über etwas nicht einer Meinung sind. – Gab’s das überhaupt schon mal? Egal. Jedenfalls ist es alles andere als ein gutes Gefühl.

5. Kapitel

Was ist bloß mit Fine los?

Am nächsten Tag in der Schule ertappe ich mich dabei, dass ich allen Mädchen zuerst aufs Handgelenk schaue. Ich will unbedingt wissen, ob Valeries Club seit gestern neue Mitglieder hat. Ich weiß selbst nicht genau, wieso mir das wichtig ist. Nein, keine neuen Armbänder in Sicht, zum Glück. Vielleicht ist der Spuk ja bald wieder vorbei. Vielleicht verlieren Valerie und die anderen ja schon langsam den Spaß an ihren albernen Spielchen und der dummen Geheimnistuerei.

Im Moment sieht es allerdings nicht so aus. Anscheinend haben auch die Clubneulinge Tuley und Selina die Zeichensprache schnell gelernt. Jedenfalls funken sie eifrig hin und her. Und in der Pause scharen sich jetzt fünf Mädchen um Valerie.

„Boah, das nervt!“, stöhnt Tim. Er schüttelt den Kopf. „Gerade hab ich Anna gefragt, ob ich Mathe bei ihr abschreiben kann. Ich meine, das war doch bisher nie ein Problem, oder? Aber eben hat sie sich glatt geweigert, ihr Heft rauszurücken. Außerdem gab's total das Gekreische. Ich solle abhauen und so. Echt, die haben mich fast massakriert!" Tim kratzt sich am Kopf. „Ich möchte sowieso mal wissen, was die da jetzt ständig zu tuscheln haben!"

„Wahrscheinlich geht es um Valeries Geburtstag", meint Fine. „Der ist doch übernächste Woche."

Erstaunt sehe ich Fine an. „Das hast du dir gemerkt?"

Fine zuckt die Achseln. „Na ja, sie macht ja jedes Jahr so einen Wirbel darum."

Das stimmt. Eine Geburtstagseinladung von Valerie kommt einem Ritterschlag gleich. Da sind alle in unserer Klasse scharf drauf. Bei Valeries Partys werden nämlich nicht nur die drei üblichen Ks (Kakao, Kekse, Kuchen) aufgefahren und ein paar Spielchen gemacht, wie bei uns anderen. Nein, bei Valeries Geburtstagen tritt ein Clown auf oder ein Zauberer oder was weiß ich was. Im letzten Jahr soll es sogar ein kleines Feuerwerk gegeben haben. Das hat jedenfalls Anna später erzählt.

Fine und ich waren noch nie zu Valeries Geburtstag eingeladen. Wenn ich ehrlich bin:

Ein klitzekleines bisschen wurmt mich das schon. Obwohl ich sie gar nicht mag. Ach, manchmal verstehe ich mich selber nicht.

Tim starrt noch immer hilflos auf sein Matheheft. „Was soll ich denn jetzt machen?“

Gnädig schiebe ich Tim mein eigenes Heft rüber. „Hier, du hast Glück: Ich gehöre noch nicht zum Club der Wichtigen. Bei mir dürfen auch Normalsterbliche abschreiben.“

„Danke!“ Tim grinst. „Nur bist du leider nicht so ein Mathegenie wie Anna. Bei dir schreib ich ja tausend Fehler ab.“

„Du spinnst wohl!“ Ich will mein Heft wieder wegziehen. Aber Tim hält es schnell fest und Pab-

lo sagt: „Hey, beruhige dich, Maja! War doch nur Spaß von Tim!“

Ich lasse meine Hand sinken. Verstehe ich plötzlich keinen Spaß mehr? Im Grunde ist doch gar nicht viel passiert. Außer, dass sechs Mädchen unserer Klasse blaue Armbänder tragen und uns andere wie Luft behandeln. Ich weiß, es ist albern, aber ich werde das Gefühl nicht los, dass diese sechs irgendwas ganz Besonderes erleben, etwas, von dem wir anderen ausgeschlossen sind. Ach, ich bin froh, dass jetzt erst mal Wochenende ist und ich zwei Tage lang keine blauen Armbänder mehr sehen muss.

Am Samstagvormittag gehe ich immer mit Papa auf den Markt. Papa nimmt sich für alles ganz viel Zeit, deshalb macht das Einkaufen mit ihm mehr Spaß als mit Mama. Nachdem wir unsere Einkaufsliste abgearbeitet haben, spendiert Papa uns zwei dicke Heidelbeermuffins. Seufzend stellen wir unsere Einkaufstüten ab und lassen uns auf eine Bank sinken. Papa gibt mir meinen Muffin. Hmmm! Ich schließe die Augen und konzentriere mich ganz auf den köstlichen Geschmack in meinem Mund.

Eine Weile mümmeln wir schweigend vor uns hin, dann fragt Papa: „Und? Wie war deine Woche?"

Ich nicke. „Ganz okay." Ich habe keine Lust, Papa von dem Clubfieber zu erzählen, das neuerdings in unserer Klasse ausgebrochen ist. Dazu ist dieser Vormittag viel zu schön und der Muffin zu lecker.

„Was machen wir eigentlich heute Nachmittag?", frage ich.

Papa zuckt die Achseln. „Ich weiß nicht, ob deine Mutter uns schon verplant hat."

„Hoffentlich nicht", seufze ich. „Ich hab noch genug vom letzten Wochenende ..."

Letzten Samstag haben wir eine Kollegin von Mama in ihrem neuen Reihenhaus am Stadtrand besucht. Da deren Sohn Marvin genau so alt ist wie ich, war Mama davon überzeugt, dass wir im Handumdrehen allerbeste Freunde werden würden. Aber Pustekuchen! Der Typ erwies sich als absoluter Voll-Ödling. Obwohl die da Wald und Wiesen quasi direkt vor der Tür haben, wollte er die ganze Zeit nur in seinem Zimmer hocken und Computer spielen. Und ich sollte daneben sitzen und bewundernd zuschauen, wie er einen

Außerirdischen nach dem anderen abknallt. Auf so etwas lasse ich mich nie wieder ein. Und falls Mama es dennoch versucht, drohe ich ihr an, eine wildfremde 42-jährige Frau von der Straße in unser Wohnzimmer zu locken. Da Mama ja auch 42 ist, müssten sich die beiden nach ihrer Auffassung doch automatisch blendend verstehen … Ha!

Papa steckt sich das letzte Stück Muffin in den Mund und steht auf. „Vielleicht gastiert ja dieser kleine Zirkus noch auf dem Bismarckplatz“, sagt er. „Wenn Mama nichts anderes geplant hat, könnten wir da hingehen. Das heißt, wenn du Lust hast.“

„Klar, das wäre toll!“ Ich nicke eifrig. „Du, Papa, könnten wir nicht Fine mitnehmen?“

Papa wuschelt mir durchs Haar. „Ihr zwei Unzertrennlichen! Aber sicher, warum nicht?“

Super! Ich bin sicher, dass Fine begeistert sein wird. Sie liebt Zirkus! Außerdem ist sie heilfroh, wenn sie am Wochenende nicht zu irgendeiner öden Sportveranstaltung muss. Fines Brüder sind nämlich fanatische Ruderer und schleppen die Familie ständig mit zu ihren Wettkämpfen.

Zu Hause hänge ich mich gleich ans Telefon.

Charlie, einer von Fines Brüdern, meldet sich. Anscheinend ist er gerade erst aus dem Bett gefallen, denn er gähnt ununterbrochen.

„Hi Charlie, hier ist Maja. Kann ich bitte mal Fine sprechen?“

Wieder Gähnen, dann: „Die ist nicht da.“

Fines Brüder zeichnen sich nicht gerade durch ausschweifende Reden aus. Davon darf man sich aber nicht abschrecken lassen.

„Wo ist Fine denn? Oder besser: Wann kommt sie zurück?“

Gähnen. „Puh! – Keine Ahnung! – Maaaaa, wo steckt'n Fine?“

Ich höre Fines Mutter im Hintergrund etwas Unverständliches murmeln, dann ist Charlie wieder am Apparat. „Das kann dauern. Fine ist gerade erst los. Sie wollte zu irgend so einem komischen Treffen.“

„Treffen?“ Mein Magen beginnt plötzlich zu kribbeln. „Mit wem denn?“

Charlie seufzt genervt. „Keine Ahnung, sie hat was von einem neuen Club gefaselt. Ich hab nicht richtig hingehört. Ich glaube, sie wollte zum Marktplatz.“

„Verstehe.“ Das ist gelogen. Ich verstehe nichts. Überhaupt nichts. Mir ist plötzlich kalt, eiskalt.

„Soll ich Fine was ausrichten, wenn sie zurückkommt?“

„Nee. Schon gut. Tschüss.“

Ich lege den Hörer auf und sinke auf den nächstbesten Stuhl. Nicht zu fassen: Fine ist zu einem Treffen von Valeries Club gegangen! Hinter meinem Rücken! Ohne mir vorher ein Sterbenswörtchen zu sagen! Himmel, was will sie nur in diesem, diesem … Valerie-Fanclub! – Ich kapier es nicht! Fine und ich, das war doch immer … eine Einheit! Nie hatten wir Geheimnisse voreinander! Und jetzt? Jetzt hat Fine unsere Freundschaft verraten. Für das Gefühl, endlich zu den Wichtigen in der Klasse zu gehören. – Ich kann es nicht fassen.

„Na, Spatz, hast du Fine erreicht?“ Papa steht in der Tür und klimpert gut gelaunt mit den Autoschlüsseln. „Deine Mutter hat uns nämlich frei gegeben. Sie ist beim Friseur. – Von mir aus können wir sofort los.“

„Sekunde!“ Eilig stürme ich an Papa vorbei ins Badezimmer. Ich will nicht, dass er meine Tränen sieht.

Ich kann Papa nicht sagen, was los ist. Er würde es nicht verstehen. Ich weiß genau, was er sagen würde: „Aber Maja, da ist doch nichts dabei. Sicher hat Fine nur vergessen, dir von diesem Treffen zu erzählen. Das kann doch mal vorkommen. – Warte nur ab, nachher ruft Fine an und im Handumdrehen ist alles wieder in Ordnung! Komm, lass dir davon nicht den schönen Nachmittag verderben!"

Ja, genau das würde Papa sagen. Weil er Fine nicht so gut kennt wie ich. Und Valerie schon gar nicht. Und weil Papa keine Ahnung davon hat, wie Mädchenfreundschaften funktionieren. Mädchen sind anders als Jungs. Mädchen vergessen nicht, sich von so einer Verabredung zu erzählen. Niemals! Aber das kann Papa nicht begreifen. Weil er kein Mädchen ist. Punktum.

Natürlich merkt Papa, dass sich meine gute Laune soeben in Luft aufgelöst hat. „Was ist denn los, Maja?", fragt er, als ich aus dem Badezimmer geschlichen komme. „Hast du keine Lust mehr auf Zirkus?"

Ich zögere. „Doch … das heißt …" Ich meide Papas Blick. „Um ehrlich zu sein: nein! Tut mir leid, ich muss weg! Sei nicht sauer, ja?" Bevor

Papa richtig reagieren kann, habe ich mir schon meine Jacke geschnappt und bin halb aus der Tür.

„Halt, Maja! Wo willst du denn hin?", ruft Papa hinter mir her.

„Fine treffen! Ich erklär's dir später!"

6. Kapitel

Der Verrat

Bevor er irgendwelche Einwände erheben kann, bin ich draußen und rase los Richtung Marktplatz. Ich weiß selber nicht genau, was ich da will. Ich hab keinerlei Plan. Ich weiß nur, dass ich nicht seelenruhig in den Zirkus gehen kann, während Fine möglicherweise gerade Mitglied von Valeries Fanclub wird. Das darf einfach nicht passieren! Ich renne und renne, bin völlig außer Atem, als ich endlich den Marktplatz erreiche. – Aber ich bin zu spät! Ich sehe gerade noch Valerie und ihren Fanclub in einer Gasse verschwinden. Was macht denn Jule hier, ist sie nun auch im Club? Eigentlich fand ich sie immer ganz nett. Plötzlich entdecke ich Fine, sie ist mitten unter ihnen. So als hätte sie schon immer dazugehört.

Am liebsten würde ich losheulen. Verdammt, warum macht Fine das? Warum verrät sie unsere Freundschaft? Ich kapier das nicht! Und überhaupt: Was soll ich denn jetzt tun? Ich kann denen ja wohl schlecht hinterherrennen und Fine zwingen mit mir nach Hause zu kommen. Das wäre ja oberpeinlich.

Aber wenn ich schon mal hier bin, dann kann ich eigentlich auch genauso gut gucken, was die da Geheimnisvolles machen in ihrem Club, oder?

Entschlossen überquere ich den Platz und biege in die Gasse ein, in der Valerie und ihr Anhang gerade verschwunden sind. Ups, jetzt war ich ein bisschen zu schnell. Da vorne sind sie schon! Ich muss aufpassen. Schließlich will ich auf keinen Fall entdeckt werden. Ich halte Abstand und verstecke mich immer wieder in Hauseingängen und Einfahrten. Aber niemand dreht sich nach mir um. Dazu sind sie viel zu sehr mit sich selbst beschäftigt. Fine hält sich an Tuley, die aufgeregt auf sie einzureden scheint. Es tut verdammt weh, Fine in Valeries Fahrwasser zu sehen …

Am Ende der Gasse biegt die Gruppe auf einen schmalen Fußweg unterhalb einer efeubedeckten Mauer ein. Seltsam, dieser kleine Durchgang ist mir vorher nie aufgefallen. Keine Ahnung, wo er hinführt. Aber die Mädchen scheinen den Weg zu kennen. Natürlich führt Valerie die Gruppe an. Leonie, Selina, Anna, Caro und Jule folgen ihr. Tuley und Fine bilden das Schlusslicht. Ich

warte ein Weilchen, bis ich ebenfalls auf den halb zugewachsenen Pfad einbiege. Von den Mädchen ist nichts mehr zu sehen. Nur ihre Stimmen sind noch zu hören. Aber sie werden immer leiser. Mensch, wo stecken die denn plötzlich alle?

Ich schaue mich um. Durch die Bäume um mich herum dringt kaum ein Sonnenstrahl. Ich gehe schneller und ein paar Augenblicke später stehe ich vor einem schmalen, efeuumrankten Tor. Gräser, Unkraut, Wildblumen und Büsche wuchern hier kreuz und quer durcheinander und bilden eine dichte grüne Mauer. Ganz klar: Hinter diesem Tor sind Valerie und die anderen verschwunden. Jetzt kann ich ihnen nicht mehr folgen, jedenfalls nicht ohne Gefahr zu laufen, entdeckt zu werden. Mist!

Ich knabbere an meinen Fingernägeln und überlege. Was mache ich denn jetzt? Rückzug? Abwarten? – Abwarten!

Ich schlüpfe hinter eine Hecke, hocke mich hin und versuche eine einigermaßen bequeme Position zu finden. Allerdings mit eher mäßigem Erfolg. Der Boden ist uneben und steinhart. Außerdem habe ich das ungute Gefühl, mitten in eine beliebte Ameisenstraße geraten zu sein. Ich seufze. Hoffentlich passiert bald was! Geduld ist nicht gerade meine Stärke.

Aber ich habe Glück: Es sind kaum zehn Minuten vergangen, da höre ich, wie sich Schritte und Stimmen nähern. Ich erkenne sie sofort: Selina und Fine! Mein Herz klopft schneller und ich drücke mich noch tiefer in die Hecke. Oh, es wäre so unsäglich peinlich, wenn sie mich hier entdecken würden! Aber meine Sorge ist völlig unnötig. Die beiden haben es so eilig, dass sie sich nicht mal die Mühe machen, das Tor richtig zu schließen.

Von ihrem Gespräch kann ich nur einige Fetzen aufschnappen. Aber beide scheinen aufgeregt zu sein, das ist nicht zu überhören. „Mensch, überleg dir das noch mal, Selina!“, sagt Fine. „Du musst doch wirklich nicht …“

Der Rest geht in trampelnden Schritten unter. Mist! Ich warte ein paar Sekunden, bevor ich aus meinem Versteck krieche und die Verfolgung aufnehme. Die beiden laufen den Weg zurück, den wir gekommen sind – Richtung Marktplatz. Seltsam, was wollen sie denn da? Und warum redet Fine so heftig auf Selina ein? Ah, sie steuern den Kiosk neben dem Rathaus an. Klar, wahrscheinlich haben sie den Auftrag gekriegt, weiteren Süßkram zu kaufen – und Valerie bezahlt natürlich. Sie scheint ja Taschengeld ohne Ende zu bekommen. Ich drücke mich so gut es geht in einen Hauseingang und linse um die Ecke. Fine ist ein Stück zurückgeblieben und fummelt an ihrem Schuh herum. Selina steht jetzt alleine vor dem Kiosk und betrachtet interessiert die Auslagen.

Ich blinzle in die Sonne. Das Licht ist hier so grell, dass ich für einen Moment nicht erkennen kann, was Selina am Kiosk macht. Dann sehe ich sie plötzlich wie von Furien gehetzt über den Marktplatz zurückstürmen. Ihr Gesicht ist schweißnass und hochrot vor Aufregung und ihr Pferdeschwanz hat sich gelöst. Fine rast hinter ihr her. Sie ruft Selina etwas zu, das ich nicht verstehen kann. Und bevor ich einen halbwegs klaren Gedanken fassen kann, sind beide in der Gasse verschwunden.

Seltsam … Was war denn da los? Warum ist Selina so panisch weggerannt? Hat sie etwa gar nichts gekauft am Kiosk, sondern … geklaut? Aber warum sollte sie das tun? Alle schwärmen doch immer von den Bergen an Süßigkeiten, die Valerie zu den Clubtreffen mitbringt. Warum sollte Selina da noch welche klauen? Und was hat das alles mit dem Geheimclub zu tun? – Ich überlege, ob ich den beiden noch mal folgen soll. Nein, für heute reicht es mir. In jeder Beziehung.

Nachdenklich trotte ich nach Hause. Zum Glück ist keiner da. Mama scheint noch beim Friseur zu sein. Und Papa hat mir einen Zettel auf den Tisch gelegt, dass er mit seinem Freund Kai beim Joggen ist. Gut so. Ich habe nicht die geringste Lust, irgendwelche Fragen zu beantworten. Selbst wenn ich wollte, ich könnte es gar nicht. Irgendetwas hat sich verändert und ich weiß nicht mal was.

Ob Fine sich bei mir melden wird? Vielleicht hat sie es ja schon versucht – und ich habe es nur nicht mitgekriegt? Also, bevor sie zu dem Treffen gegangen ist.

Ich renne zum Anrufbeantworter. Nein, keine Nachricht von Fine. Hofft sie etwa, dass ich von diesem Clubtreffen nichts erfahre? Oder ist es ihr egal? Was mache ich, wenn Fine den Club ganz toll findet und am Montag auch so ein blaues Bändchen ums Handgelenk trägt? Wenn sie auf dem Schulhof nicht mehr bei mir, sondern bei Valerie und den anderen stehen will? Wenn ich plötzlich abgemeldet bin? Einfach so? Von heute auf morgen allein auf dem Schulhof, allein in der Klasse?

Unvorstellbar. Gruselig!

Die Zeit vergeht und ich werde immer kribbeliger. Immer wieder schaue ich auf die Uhr. So, jetzt müsste sie aber wirklich wieder zu Hause sein. Ich muss mit ihr sprechen! Sofort. Diese Grübelei halte ich nicht länger aus. Das macht mich ganz verrückt. Entschlossen greife ich zum Telefon. Fines Nummer ist eingespeichert. Fast sofort ist sie am Apparat.

„Maja! Hallo! Ich wollte dich auch gerade anrufen!"

„So? Tatsächlich?" Jetzt, da ich Fines vertraute Stimme höre, steigt die Wut plötzlich in mir hoch wie eine heiße, rote Flamme. Ja, ich platze fast vor Wut auf Fine und ihren Verrat. Ich will sie ebenso verletzen, wie sie mich verletzt hat. „Und warum?“, ätze ich. „Wolltest du mir erzählen, dass du dich heute mit Valerie und den anderen getroffen hast? Dass du jetzt auch zum Club der Wichtigen gehörst?“

Erschrockenes Schweigen.

Aber dann sagt Fine schnell: „Ja, das heißt: nein! Ich … Ach, Maja, ich muss dir das alles in Ruhe erklären. Das geht nicht so am Telefon. Können wir uns nicht heute Abend noch treffen?“ Fines Stimme klingt fast flehend.

„Keine Zeit!“, sage ich knapp.

„Und morgen?“, fragt Fine. „Bitte, Maja, es ist wichtig!“

„Mal sehen.“ Grußlos beende ich unser Gespräch.

Einen Moment genieße ich die klitzekleine Genugtuung, dass ich es war, die Fine abgewürgt hat. Aber nicht lange. Schon zehn Sekunden später tut es mir leid. Verdammt, warum habe ich aufgelegt? Bloß um Fine eins auszuwischen. So was Bescheuertes! Als ob das irgendwas bringen würde! Im Gegenteil: Jetzt fühle ich mich noch mieser. Ob ich Fine noch mal anrufe? Nein, das geht zu weit. Schließlich ist Fine diejenige, die mich hintergangen hat, die Geheimnisse vor mir hat. Ob sie noch mal anruft? Hoffnungsvoll starre ich das Telefon an. Aber das blöde Ding bleibt stumm.

Nach einer Weile gebe ich auf und schleiche in mein Zimmer. Was hat Fine gesagt? „Ich muss dir das alles in Ruhe erklären." – Ich schnaufe verächtlich. Pah, was gibt's da schon zu erklären? Es liegt doch auf der Hand: Fine will auch endlich dazugehören zum Kreis der Wichtigen. Zu denen, die die tollen Sachen machen, wichtige Geheimnisse teilen. Zu denen, die zu Valeries sagenhaften Geburtstagspartys eingeladen werden und sich von ihr mit teuren Süßigkeiten und Krimskrams versorgen lassen. So einfach ist das! Nur ich, ich schnalle nicht, dass andere Zeiten angebrochen sind. Zeiten, in denen Mädels wie Valerie das Sagen haben und Loser wie ich abgemeldet sind.

Ich werfe mich aufs Bett und vergrabe mein Gesicht im Kopfkissen.

7. Kapitel

Überraschende Einladung

Irgendwann klopft Mama an meine Tür. „Hallo Maja, willst du denn gar nicht meine neue Frisur bewundern?“

Widerstrebend rolle ich mich vom Bett. Ich hatte komplett vergessen, dass Mama beim Friseur war. „Schön“, sage ich, weil Mama mich so erwartungsvoll anguckt.

„Was ist denn los, Maja?“, fragt Mama sofort. „Hast du geschlafen? Mitten am Tag? Bist du krank?“

Ich schüttle den Kopf und versuche Mamas Röntgenblick auszuweichen. „Nee, ist alles ok.“

„Warum wolltest du eigentlich nicht mit Papa in den Zirkus?“

„Och, nur so.“ Ich bohre meine Finger in die Taschen meiner Jeans.

Aber Mama lässt sich nicht so leicht ablenken. Sie spürt, wenn irgendwas nicht in Ordnung ist. Manchmal liest sie in meinem Gesicht wie in einem offenen Buch. Direkt unheimlich. „War irgendwas mit Fine?", bohrt sie jetzt. „Papa meinte, ihr wolltet euch heute treffen."

Ich schüttle noch einmal den Kopf. „Das hat nicht geklappt."

„Na, vielleicht könnt ihr zwei euch ja morgen sehen", sagt Mama. „Wir wollten doch Inliner fahren gehen. Da kann Fine gerne mitkommen."

Ich nicke vage. „Mal sehen. Ich hab auch noch einiges für die Schule zu tun."

Mama zieht überrascht die Augenbrauen hoch. Kein Wunder, solche Ankündigungen sind bei mir nicht gerade an der Tagesordnung.

Am Sonntagmorgen ist der Himmel so grau wie meine Stimmung. Aber als nach dem Mittagessen plötzlich die Sonne rauskommt, fahren wir doch noch zu der großen Skaterbahn am Stadtpark.

Kaum stehe ich auf meinen Inlinern, fühle ich mich etwas besser. Unermüdlich flitze ich über den glatten, ebenmäßigen Asphalt. Drehe Runde um Runde, bis ich völlig außer Atem bin. Ich mache nur Halt, um etwas zu trinken. Dann geht's gleich wieder weiter.

Am Abend bin ich so erschöpft, dass ich mich nach dem Essen ins Bett trolle und einschlafe.

Aber Montag früh, auf dem Weg zur Schule, holt mich der Frust wieder ein. Jetzt kann ich es kaum mehr erwarten, Fine gegenüberzustehen und mich mit ihr auszusprechen. Egal, was sie getan hat, ich halte dieses Schweigen, diese Ungewissheit nicht mehr aus! Ich will endlich wissen, was in diesem seltsamen Geheimclub passiert und was Selina und Fine gestern am Kiosk wollten.

Aber ich werde enttäuscht: Fine wartet nicht an unserem üblichen Treffpunkt. Der Platz neben der Bushaltestelle ist leer. Nach ein paar Minuten gehe ich allein weiter. Ich kämpfe mit den Tränen. Was hat das zu bedeuten? Will Fine nicht mal den Versuch machen, mir alles zu erklären? Ist das jetzt das Ende?

„Fine ist krank", berichtet uns Frau Kramer in der ersten Stunde. „Gerade hat ihre Mutter angerufen und Bescheid gesagt. Stellt euch vor: Die Arme hat Windpocken!"

Ich atme auf. Deswegen hat Fine mich also heute Morgen versetzt.

Unsere Klassenlehrerin lächelt mir zu. „Fines Mutter hat mir erzählt, dass du auch noch keine Windpocken hattest, Maja. Ist das richtig?", fragt sie.

Ich nicke.

„Dann darfst du Fine nicht mal besuchen", sagt Frau Kramer bedauernd. „Sonst steckst du dich bei ihr an."

Klar, das weiß ich selber. Aber vielleicht löst sich dieser ganze Club-Blödsinn ja in Wohlgefallen auf, bis Fine wiederkommt. Ich blicke mich in der Klasse um. Nee, alle tragen immer noch brav ihre Armbänder. Sieht nicht gerade nach Auflösung aus … Da fällt mir noch etwas auf: Einige haben ihre Plätze getauscht, sodass die Clubmitglieder jetzt ganz dicht zusammen sitzen! Ich fasse es nicht! Hat Frau Kramer das etwa erlaubt?

Heute bin ich richtig froh, als Felix in der Pause bei mir kleben bleibt. Sonst müsste ich ganz allein auf dem Schulhof rumhängen. Denn Selina, mit der ich bisher manchmal zusammen war, wenn Fine gefehlt hat, steht jetzt bei Valerie. Und – ich traue meinen Augen nicht – selbst Tim und Pablo schlendern zu den Mädchen rüber und werden gnädig geduldet. Valerie wirft sich sogar noch ein bisschen mehr in Pose!

Nicht zu fassen! Anscheinend nehmen die jetzt auch Jungs auf. Und die lassen sich auch noch darauf ein. Ausgerechnet Pablo, mit dem ich immer am besten klarkam! – Das wird ja immer schlimmer!

Ich kann nicht anders: Ich muss immer wieder zu der Gruppe hinschauen, mit hilfloser Wut im Bauch. Und ich möchte zu gerne wissen, was die zu tuscheln haben.

„Hey, Maja, warte mal!" Valerie hat sich aus der Gruppe gelöst und steuert auf mich zu. Nanu, was will sie denn plötzlich von mir?

„Rufst du Fine nachher an?", fragt Valerie.

Ich zucke die Achseln. „Weiß noch nicht", sage ich dann vorsichtig. „Warum?"

Valerie lächelt. „Ach, nur so. Bestell ihr schöne Grüße, ja? Bei unserem Treffen am Samstag ging es ihr noch prima. Das mit den Windpocken muss ganz plötzlich gekommen sein."

„Ja, scheint so", ich nicke desinteressiert. Gut, dass ich bereits wusste, dass Fine bei dem Treffen war. Sonst wäre mir eben garantiert die Kinnlade runtergefallen. Zumindest die Genugtuung habe ich Valerie nicht gegeben. Klar, dass sie mir Fines Seitenwechsel direkt unter die Nase reibt. Eine solche Gelegenheit lässt sie sich nicht entgehen.

Valerie mustert mich aufmerksam. „Du machst dich lustig über unseren Club, stimmt's?", fragt sie unvermittelt.

Was soll das denn? Worauf will Valerie hinaus? „Wie meinst du das?", forsche ich nach.

Valerie verschränkt die Arme. „Na hör mal, das merkt man doch! Aber ich finde es ziemlich blöd, dass du etwas ablehnst, das du gar nicht kennst."

Ich kapiere es immer noch nicht. Wieso ist es Valerie denn wichtig, was ich über ihren Club denke? Das kann ihr doch piepegal sein.

Ist es aber nicht. „Wir machen tolle Sachen zusammen, weißt du“, erklärt Valerie jetzt. Ihre Stimme klingt eifrig, fast werbend.

„Ich weiß schon“, winke ich ab, „Pink Picknicks und so.“

„Nicht nur." Valerie lächelt vielsagend. „Wir machen auch richtig spannende, echt aufregende Sachen."

Widerwillig horche ich auf. „So? Was denn zum Beispiel?"

Valerie zuckt die Achseln. „Du musst halt mal kommen. Dann erfährst du es."

Jetzt hat sie mich schon wieder überrumpelt. „Wie bitte? Du willst wirklich, dass ich zu einem eurer Treffen komme? Warum?"

Valerie lächelt wieder. „Warum nicht? Tim und Pablo kommen heute übrigens auch …" Sie wendet sich zum Gehen. „Heute Nachmittag um drei, am Rathausmarkt. – Bis dann, Maja."

Verdattert blicke ich ihr nach. Eins zu null für Valerie! Alles hätte ich erwartet, aber nicht das. Valerie und ich, wir konnten uns doch von Anfang an nicht leiden. Und jetzt will sie mich plötzlich in ihrem Club haben? Warum?

Und dann, urplötzlich, verstehe ich, was los ist: Valerie erträgt es einfach nicht, dass sie etwas tut, was nicht alle supertoll finden. Sie braucht die Anerkennung anderer wie die Luft zum Atmen. Anerkennung und Bewunderung. Immer mehr und von allen. Sogar von mir.

Aber den Gefallen werde ich ihr nicht tun! Natürlich gehe ich heute Nachmittag nicht zum Rathausmarkt. Da brauche ich gar nicht erst drüber nachzudenken.

Ob Pablo und Tim da wirklich hinwollen? Das interessiert mich jetzt natürlich! Ich könnte Pablo nach der Schule irgendwo abpassen und ihn direkt fragen. Ich meine, wäre doch kein Problem, oder? Aber plötzlich habe ich Angst, dass er Valerie davon erzählen könnte. Dass sie gemeinsam über mich lachen. Nein, das will ich nicht. Das habe ich nicht nötig!

Aber was meinte Valerie nur mit den „spannenden Sachen", die sie angeblich bei diesen Clubtreffen machen? Was um alles in der Welt soll das sein? Und was hat die seltsame Szene auf dem Marktplatz damit zu tun?

Die Frage lässt mich nicht mehr los.

8. Kapitel

Auf in die Höhle des Löwen

Zur Abwechslung hat Mama das Essen schon fertig, als ich nach Hause komme. „Schon gehört?“, ruft sie mir entgegen. „Fine hat Windpocken! Ihre Mutter hat heute Morgen gleich hier angerufen, um Bescheid zu sagen. Aber da warst du schon zur Tür raus. Hast du denn lange auf Fine gewartet?“

„Nö, nur ein paar Minuten“, sage ich.

„Der armen Fine geht's wohl gar nicht gut“, berichtet Mama, während sie zwei Bratwürstchen auf meinen Teller schiebt. „Kein Wunder, in eurem Alter sind Windpocken oft besonders heftig. Hoffentlich hast du dich nicht auch angesteckt. Wo ihr beide doch so oft zusammen seid …“

„Keine Sorge“, sage ich und stopfe mir das erste Stück Bratwurst in den Mund. „Mir geht's gut!“

Mama lacht. „Das hat Fine bis gestern früh auch behauptet und dann begann das große

Jucken." Sie setzt sich mir gegenüber an den Tisch und schenkt uns Saft ein. „Ich muss nachher noch mal in den Verlag wegen eines neuen Auftrags. Das dauert aber nicht lange. Was hast du denn heute Nachmittag vor?"

Ich zucke die Achseln. „Och, nichts Besonderes. Vielleicht gehe ich kurz in die Stadt. Ich brauche ein neues Matheheft."

Ich beiße mir auf die Lippen. Das Schreibwarengeschäft, in dem ich immer meine Schulsachen kaufe, liegt direkt am Rathausmarkt. Suche ich nur einen Vorwand, um einen schnellen Blick auf das Clubtreffen zu werfen? – Himmel,

kann ich nicht wenigstens zu mir selbst ehrlich sein? Warum kann ich denn nicht zugeben, dass ich neugierig bin? Was ist schon dabei, da mal kurz aufzutauchen? Schließlich hat Valerie mich offiziell eingeladen! Wenn es mir nicht gefällt, kann ich jederzeit wieder verschwinden. Ich meine, die können mich ja schließlich nicht zwingen, gleich beim ersten Treffen mit Valerie Blutsbrüderschaft zu schließen. Warum also nicht? Genau, ich gehe da heute einfach mal hin. Dann kann Valerie auch nicht mehr behaupten, ich hätte bloß dumme Vorurteile – und ich erfahre endlich, was die da eigentlich treiben.

Ob ich eben noch schnell Fine anrufe? Ich hab keine Lust mehr auf unseren blöden Streit. Das heißt, bisher ist es ja gar kein richtiger Streit. Eher eine Funkstille. Schlimm genug. Und höchste Zeit, das Ganze aus der Welt zu schaffen. Außerdem kann ich dann Fine gleich über das Clubtreffen am Samstag ausquetschen. Ich will wissen, was Selina da am Kiosk gemacht hat. Vielleicht war das ganze Treffen ja so albern, dass ich mir den Weg zum Rathausmarkt doch sparen kann.

Kaum fällt die Haustür hinter Mama ins Schloss, schnappe ich mir das Telefon. Fines

Mutter ist am Apparat: „Schön, dass du anrufst, Maja! Aber Fine schläft gerade. Ich möchte sie eigentlich nicht wecken. Soll sie dich nachher zurückrufen?"

„Nein, ich muss gleich noch mal weg. Ich melde mich später wieder. Tschüss!"

Mist! Jetzt muss ich ohne Vorab-Info in die Höhle des Löwen. Ob ich doch noch rasch Pablo anrufe? Sodass wir wenigstens zusammen …? Ich schaue auf die Uhr. Schon zehn vor drei. Keine Zeit mehr zum Telefonieren. Ich stecke meinen Hausschlüssel ein und mache mich auf den Weg. In meiner Magengrube beginnt es leise zu kribbeln. Hey, was soll das denn jetzt? Es gibt doch überhaupt keinen Grund, nervös zu sein. Dieses Treffen ist nicht mehr als eine lockere Verabredung mit ein paar Leuten aus meiner Klasse. Alles ganz normal. Absolut nichts Besonderes. Aber das Kribbeln bleibt.

Ich sehe sie schon von Weitem: Leonie, Selina, Tuley, Jule, Caro – und Valerie. Nur Anna fehlt. Dafür kommen von der anderen Seite Pablo und Tim angeschlendert, betont lässig natürlich, so als wären sie eher zufällig hier. Pablo und ich vermeiden uns anzusehen. Offensichtlich ist es nicht nur mir peinlich, Valeries Einladung nicht in den Wind geschossen zu haben.

Die Mädchen lehnen – aufgereiht wie Hühner auf der Stange – an der Rathausmauer und blicken uns entgegen. Meine Beine sind plötzlich schwer wie Blei. Am liebsten würde ich umdrehen und postwendend nach Hause marschieren. Ich meine, was mache ich hier eigentlich? Warum habe ich mich von Valerie provozieren lassen, hier aufzulaufen? Aber jetzt ist es zu spät. Eine Flucht würde völlig bescheuert aussehen.

„Hey, Maja!“ Valerie winkt mir zu. „Ich wusste, dass du kommen würdest.“

Was soll das denn schon wieder heißen? Will sie den anderen zeigen, dass auch ich schon nach ihrer Pfeife tanze?

„Ach, ich musste sowieso noch zum Schreibwarenladen“, sage ich schnell. „Und da dachte ich … na ja, also … äh …“ Meine lahme Erklärung versickert wie ein Wassertropfen in der Wüste und scheint sowieso keinen zu interessieren.

„Egal. Tim und Pablo sind ja auch schon da. Jetzt sind wir vollzählig.“ Valerie springt auf. „Dann können wir ja los. Kommt, lasst uns gehen!“

Schon stehen alle auf und folgen Valerie quer über den Rathausplatz in die Gasse an der alten Stadtmauer. Ich versuche mir nicht anmerken zu lassen, dass ich den Weg bereits kenne.

„Hier geht's lang", sagt Valerie und geht mit schnellen Schritten voraus. Leonie, Selina, Caro und Jule laufen hinter ihr her. Dann kommen Tuley und ich. Tim und Pablo folgen uns in eini-

gem Abstand. Sie versuchen immer noch so auszusehen, als wären sie nur zufällig dabei.

Plötzlich bleibt Jule vor mir so abrupt stehen, dass ich in sie hineinlaufe. Sie grinst. „Pass auf, gleich wirst du staunen, Maja!“ Jule deutet auf Valerie, die sich an der Mauer zu schaffen macht. Und einen Moment später schwingt das schmale, efeuumrankte Tor auf, hinter dem sie vorgestern auch schon verschwunden sind.

Valerie schlüpft hindurch und winkt uns, ihr zu folgen. „Nun kommt schon! Hereinspaziert!“

9. Kapitel

Das Geheimnis wird gelüftet

Verwirrt blicke ich mich um. Wir stehen in einem verwilderten Garten. Gräser, Unkraut, Blumen und Büsche wuchern hier kreuz und quer durcheinander. Durch die dichten Bäume um uns herum dringt kaum ein Sonnenstrahl. Alle Geräusche erscheinen gedämpft und die zwei steinernen Bänke, auf die Valerie zusteuert, sind über und über mit Moos bedeckt. Wahnsinn! Das Ganze wirkt nicht wie ein Garten, sondern eher wie eine verwunschene Höhle.

„Schön, oder?“, fragt Valerie stolz.

Ich nicke beeindruckt. „Und wem gehört das hier?“

Valerie zuckt die Achseln. „Jetzt uns!“

Die anderen kichern beifällig.

Leonie zieht eine Decke aus ihrer Tasche und breitet sie mit Caros Hilfe auf einer der beiden Bänke aus. Erst jetzt fällt mir auf, dass Valerie eine prall gefüllte Tasche bei sich hat. Kekse, Lakritz und Schokolade kommen zum Vorschein, außerdem mehrere Tüten Kartoffelchips und für jeden von uns ein Becher Erdbeermilch.

„Woher hast du das alles?", frage ich.

„Ach, das Zeug liegt bei uns zu Hause in Massen rum. Kommt schon, greift zu!"

Wir lassen uns nicht lange bitten. Eine Weile hört man nur das Rascheln von Schokoladenpapier und das Knistern von Chipstüten. Auch die Jungs haben ihre abwartende Haltung aufgegeben und bedienen sich kräftig. Pablo teilt einen Schokoriegel und hält mir die eine Hälfte hin. „Willst du?"

Ich nicke und beiße hinein. Vielleicht ist dieser Club ja doch nicht so übel: dieser geheimnisvolle Garten, all die Süßigkeiten …!

Valerie selber knabbert nur an einem kleinen Stück Schokolade. Sie beobachtet uns. „Na, wie findest du's bei uns?", fragt sie mich plötzlich.

Ich schlucke das letzte Stück meines Schokoriegels hinunter. „Na, zumindest verhungert hier keiner! Was macht ihr denn noch außer essen?"

„Oh, wir stellen uns gegenseitig Aufgaben", sagt Leonie.

„Aufgaben? Was denn für Aufgaben?", frage ich. „Kopfstand machen? Oder zehn Minuten auf einem Bein stehen?“ Ich kichere über meinen eigenen Scherz.

„Quatsch“, sagt Valerie kühl. „Wir sind hier doch nicht im Kindergarten. Wir stellen uns *richtige* Aufgaben.“

Irgendetwas an ihrem Ton lässt mich aufhorchen. Ich lege meinen Keks zur Seite.

„Nun macht es doch nicht so spannend“, drängt Pablo. „Sagt schon: Was ist denn eine *richtige* Aufgabe?“

Einen Moment lang schauen sich die anderen fragend an. Valerie nickt fast unmerklich, dann sagt Jule vorsichtig: „Na ja, wir testen uns, stellen uns gegenseitig auf die Probe.“

„Wie ‚auf die Probe‘?“, hake ich nach.

Jule zuckt mit den Schultern. „Ja, so erfährt man unheimlich viel über sich selber.“

Pablo und ich wechseln einen Blick. Ich verstehe immer noch nur Bahnhof. „Und was?“

Tuley mischt sich ein: „Dass man mutiger ist, als man denkt. Das ist toll, echt! Selina hatte vorgestern zum Beispiel die Aufgabe, einen Lolli zu besorgen.“

„Wie ‚zu besorgen‘?“ Himmel, warum wiederhole ich eigentlich alles wie ein Echo?

Selina grinst. „Vom Kiosk am Rathaus. War kein Problem. Die Besitzerin hat nichts gemerkt. Ich hätte ein Dutzend von den Dingern einsacken können."

Ich schnappe nach Luft. Klar, Selina hat am Kiosk gestern nichts gekauft, sondern geklaut! Deshalb ist sie so überstürzt weggerannt. – Aber welche Rolle spielte Fine dabei? Sollte sie etwa aufpassen, dass Selina den Lolli nicht einfach kauft, sondern wirklich klaut?

„Aber warum macht ihr das?", frage ich Leonie. „Ihr habt doch hier jede Menge Süßkram."

„Es war halt meine Aufgabe", erklärt Selina einfach. „Und Aufgaben muss man erfüllen. Drücken gilt nicht. Sonst macht's ja keinen Spaß!"

„Ist ein gutes Gefühl, wenn du es geschafft hast", sagt Tuley mit einem Anflug von Stolz in der Stimme. „Und danach darfst du selber eine Aufgabe stellen. Was immer du willst!"

Valerie lächelt. „Kapiert ihr's endlich, Maja? Wir losen aus, wer dran ist, wer die nächste Aufgabe ausführen muss. Und dann geht es auch schon los. Ausreden gelten nicht."

Ich fasse es nicht. „Also, verstehe ich das richtig?", frage ich nach. „Eine von euch denkt sich eine Aufgabe aus und eine andere rennt los und klaut irgendwas?“

„Nicht irgendwas“, korrigiert Valerie geduldig. „Wir legen vorher fest, was diejenige bringen soll. Aber natürlich stellen wir uns auch andere Aufgaben.“

„Gestern bin ich da oben raufgeklettert“, erklärt Leonie und zeigt auf die große Linde hinter sich. „Dabei bin ich nicht mal schwindelfrei. Ihr glaubt nicht, was ich für einen Bammel hatte! Aber ich hab’s geschafft! Ich war fast ganz oben.“

„Na und? Was ist daran besonders?“, wirft Tim verächtlich ein. „Da wäre ich locker hochgekommen. Also, wenn das für euch eine schwierige Aufgabe ist …“

„Für Leonie war es schwierig“, sagt Caro. „Sie hat nämlich totale Höhenangst.“

„Und trotzdem habt ihr sie da raufturnen lassen?“, frage ich ungläubig.

Caro grinst. „Das Los ist auf sie gefallen. Und so war es ein besonderer Kick! Sonst wär’s doch keine Herausforderung gewesen, oder?“

„Aber wozu das alles?“, frage ich. „Was soll das bringen?“

Die Mädchen schauen sich an.

„Na hör mal, es ist doch gut, seine Ängste zu überwinden, Herausforderungen anzunehmen", erklärt Valerie schließlich. „Findest du etwa nicht, Maja? Das bringt einen weiter. Außerdem denken wir uns nur Aufgaben aus, die wir auch selber ausführen würden. Denn die Clubmitglieder können auch beschließen, dass jemand seine eigene Aufgabe ausführen muss." Valeries Augen blitzen. „Man weiß also nie, was kommt! Das ist total aufregend … Verstehst du endlich?"

Sie sieht mich an, als wäre ich begriffsstutzig. Als würde ich etwas nicht kapieren, das doch auf der Hand liegt. Für jeden nachvollziehbar, außer für mich. – Und tatsächlich scheint zumindest Tim schon Feuer und Flamme zu sein. „Also, was ihr hier bisher aufgezählt habt, ist ja ziemliches Pillepalle", erklärt er großspurig und blickt vielsagend in die Runde. „Da könnte ich mir ganz andere Sachen vorstellen …"

Einige der Mädchen verdrehen die Augen. Typisch Tim! Er ist und bleibt ein Angeber. Trotzdem bin ich plötzlich eine Spur verunsichert. Hat Valerie vielleicht recht? Ist es nur irgendein Spiel? Okay, ein nicht ganz harmloses, aber eben doch nur … ein Spiel? Fragend sehe ich rüber zu

Pablo, aber sein Gesicht bleibt ausdruckslos, abwartend.

Als hätte sie meine Gedanken gelesen, erklärt Valerie jetzt lächelnd: „Du wirst sehen, Maja: Es ist wahnsinnig spannend! Komm schon, sei kein Frosch!“ Sie sieht Pablo, Tim und mich an. „Ich mache euch einen Vorschlag: Heute schaut ihr nur zu. Ihr müsst selbst keine Aufgabe übernehmen. Ihr geht also gar kein Risiko ein. Okay? – Wie sieht's aus? Das ist ja wohl ein faires Angebot.“

Ich weiß, dass ich jetzt aufstehen und gehen müsste. Sofort, so lange noch Zeit dafür ist. Aber ich bleibe sitzen, wider Willen gespannt, aufgeregt. Wieder sehe ich rüber zu Pablo. Aber er starrt zu Boden.

„Okay“, sage ich leise.

Pablo zuckt die Achseln, dann nickt auch er.

„Na, dann hätten wir das ja geklärt“, sagt Valerie zufrieden. „Und was ist mit dir, Tim?“

Tim grinst. „Also, ich mach gleich richtig mit! Bin doch kein Weichei …!“ So wie die beiden da.

Das Letzte hat er nicht ausgesprochen, aber gemeint. Das ist offensichtlich. Mich kratzt Tims Bemerkung nicht besonders, aber Pablos Gesicht färbt sich dunkelrot. Einen Moment lang scheint er mit sich zu kämpfen, ob er sich Tims Angebot anschließen muss, um nicht als kompletter Schisser dazustehen. Aber dann bleibt er doch still.

10. Kapitel

Und das nennt ihr Mut?

„Gut!“ Valerie nickt zufrieden und blickt auffordernd in die Runde. „Dann kann’s ja losgehen. Wer stellt die heutige Aufgabe?“ Sie fühlt sich offensichtlich wohl in der Rolle der Spielleiterin.

Leonies Arm ist nach oben geschossen, als wären wir in der Schule. Fehlt nur noch, dass sie anfängt mit den Fingern zu schnipsen. „Ich bin dran! Ich hab ja gestern …“

„Ja, richtig“, unterbricht Valerie sie gnädig. „Also, wie lautet deine Aufgabe?“

Leonies Gesicht ist ganz rot vor Aufregung. „Die- oder … äh … derjenige, der heute ausgelost wird, soll …“, sie macht eine Kunstpause, bevor sie triumphierend fortfährt, „soll eine Spinne schlucken. Na ja, oder einen Käfer oder so!“

„Iiih!“ Alle kreischen los. Selina und Caro wechseln einen entsetzten Blick. Leonie kichert hysterisch. Und Jule schüttelt sich. „Boah, das ist ja voll eklig!“

Nur Tim versucht weiterhin so entspannt auszusehen, als wären Spinnen und Käfer quasi ein Bestandteil seiner täglichen Ernährung. Allerdings ist er eine Nuance blasser geworden.

Valerie lässt sich von dem Tumult um sie herum nicht beirren. Kerzengerade sitzt sie da, ihre Stimme hat jetzt einen fast feierlichen Klang und ihr Blick ist in die Weite gerichtet. Wahrscheinlich hat sie das mal so ähnlich in einem Fantasyfilm gesehen. Ihr theatralisches Verhalten ist vollkommen albern – und dennoch bin ich irgendwie fasziniert. Himmel, was ist nur mit mir los?

„Die Aufgabe ist akzeptiert, Leonie! Wir losen jetzt aus, wer von uns sie ausführen wird.“ Valerie greift in ihre Tasche und zieht betont langsam einen kleinen braunen Lederbeutel hervor. „Da drin sind fünf weiße Kieselsteine und ein schwarzer“, erklärt sie mir. „Jeder von uns wird jetzt einen Stein herausnehmen. Wer den schwarzen erwischt …“

Ich nicke. Ich bin heilfroh, dass das Steinlos nicht mich treffen kann.

„Wer will beginnen?“ Der Beutel wird herumgegeben. Langsam und feierlich wandert er von Hand zu Hand. Tim, Selina, Caro, Valerie … nach und nach greifen sie hinein und ziehen schweigend mit abgewandtem Gesicht einen Stein heraus. Selina und Caro kreischen erleichtert auf, als sie weiße Kiesel ziehen, während Tim versucht so zu tun, als wäre er etwas enttäuscht, dass er seinen Mut dieses Mal noch nicht unter Beweis stellen darf.

Valerie wirkt als Einzige nicht im Geringsten nervös. Und tatsächlich: Mit leisem Triumph präsentiert auch sie einen weißen Stein. Da Leonie wegfällt, sind jetzt nur noch Tuley und Jule übrig. Die beiden wechseln einen Blick. Ihre Anspannung ist fast mit Händen zu greifen. Eine von ihnen wird es treffen. Eine von ihnen muss eine Spinne schlucken … Himmel, wie gruselig! Wie entsetzlich!

Als Erste greift Jule in den Beutel, zieht die Hand wieder heraus, schaut auf den Stein – und wird blass.

„Schwarz!“, meldet Valerie in die Runde.

Tuley atmet erleichtert auf. „Puuuh, Glück gehabt!“ Sie strahlt. Dann scheint sie sich zu besinnen und umarmt die zitternde Jule. „Du schaffst das schon!“

Valerie ist aufgestanden. „Ihr seht: Das Los hat entschieden. Die heutige Aufgabe wird Jule erfüllen. – Bist du bereit, Jule?“

Jule sieht eher aus, als würde sie sich gleich übergeben. Auf ihrem blassen Gesicht heben sich die Sommersprossen überdeutlich ab, aber sie nickt tapfer.

„Gut, tja, dann brauchen wir jetzt nur noch eine Spinne.“ Valerie schaut sich suchend um. „Das wird ja wohl nicht so schwierig sein. Hier gibt's bestimmt jede Menge Getier.“

Caro, Tim und Leonie hocken bereits am Boden und durchkämmen eifrig mit ihren Händen das Gras. Niemand scheint zu erwarten, dass Pablo und ich uns an der Spinnenjagd beteiligen.

Pablo hat sich einen Zweig geschnappt und pult jetzt an der Rinde herum, als wäre das unheimlich wichtig. Und ich bleibe einfach neben Jule sitzen. Ich traue mich nicht, sie anzusehen. Ist auch nicht nötig. Ich spüre auch so ihre Furcht. Die Angst umgibt Jule wie ein Nebel, strömt aus jeder Pore. Ich weiß, dass ich jetzt irgendetwas sagen müsste. Etwas, das diesen Wahnsinn hier beendet. Oder zumindest etwas Tröstendes, Aufmunterndes, Lustiges. Aber ich kann nicht. Ich bin wie gelähmt.

„Hier! Ich hab eine!" Caro ist aufgesprungen und kommt aufgeregt auf uns zu. Mit beiden

Händen formt sie eine Muschel. Anscheinend will sie die zum Verzehr bestimmte Spinne nicht verletzen. Als ob es darauf noch ankäme …

„Keine Angst“, sagt Caro zu Jule, „sie ist nicht groß! Du kannst ja gleich hinterher was trinken. Dann schmeckst du sie sicher kaum.“

Jule nickt und steht langsam auf. Ihre Hand umklammert den Becher mit der Erdbeermilch. Die anderen haben einen Halbkreis gebildet, sie lassen Jule nicht aus den Augen. Als Caro sich mit der Spinne nähert, scheint Jule zu schwanken. Ich stehe so dicht neben ihr, dass ich es deutlich spüre.

„Mach einfach die Augen zu, Jule!“, rät Valerie mit falscher Fürsorglichkeit. „Wenn du das Vieh nicht siehst, dann ist es wahrscheinlich halb so schlimm.“

Jule nickt stumm. Sie öffnet ihren Mund. Caro steht jetzt direkt vor ihr. Als Caro die Hände mit der Spinne darin hebt, wende ich mich ab. Das muss ich mir wirklich nicht angucken!

Und dann, urplötzlich, greift Jule nach meiner Hand. Erschrocken sehe ich sie an. Für den Bruchteil einer Sekunde treffen sich unsere Blicke und endlich, endlich reagiere ich: „HALT!“

Mit einer einzigen Handbewegung schubse ich Caro zur Seite. Sie stolpert. Ihre Hände, die eben noch die Spinne hielten, öffnen sich.

„Bist du verrückt?“, brüllt Tim. „Jetzt ist sie weg!“

„Gut so!“ Ich fege die Chipstüten von der Bank, ein Becher Erdbeermilch gerät ins Wanken, kippt um und ergießt sich in einem rosafarbenen Bach über das dunkle Moos. Es ist mir egal.

„Das alles hier ist doch total bescheuert!“, rufe ich aus. „Das sind doch keine Herausforderungen, die ihr euch stellt, das ist der pure Horror! Wie könnt ihr daran nur Spaß haben?!“

„Das sagst du nur, weil du selber zu feige dafür bist!“, sagt Valerie wütend.

„Quatsch!“ Ich schüttle den Kopf. „Ich bin nicht feige! Aber das hier hat mit Mut doch echt nichts zu tun! Wenn jemand Hilfe braucht, dann muss man mutig sein. Aber das entscheidet man dann selber und nicht irgendein doofer Kieselstein! Was ihr hier macht, ist einfach nur bescheuert! Ihr geilt euch an der Angst von anderen auf. Das ist … echt widerlich!“ Meine Stimme ist immer lauter geworden, den letzten Satz brülle ich fast.

Pablo blickt mich an, als habe er mich noch nie gesehen. Wie in Zeitlupe bewegt er sich dann auf mich zu.

Von den anderen gibt es keinerlei Reaktion. Alle scheinen meinem Blick auszuweichen, nur Jule nickt mir fast unmerklich zu.

Pablo hat endlich seine Sprache wiedergefunden. „Komm, lass uns abhauen", sagt er.

Ich nicke nur. Dann drehe ich mich um und stapfe hinter Pablo her durch das hoch wuchernde Gras Richtung Eingangstor.

11. Kapitel

Der Bann wird gebrochen

Ich fühle die Blicke der anderen in meinem Rücken. Egal. Alles egal. Nur weg hier. Lieber hänge ich ab jetzt jede Pause mit Pablo allein herum, als das hier mitzumachen! Oder ich geh zu den Pfadfindern oder wechsle die Schule oder …

Plötzlich spüre ich eine Bewegung hinter mir. „Wartet! Wartet auf mich, ich komme mit!“ Mit großen Schritten stürmt Jule hinter uns her. Ihr Gesicht hat wieder eine normale Farbe. Sie sieht erleichtert aus.

„Moment, ich komme auch mit.“ Eilig streift Selina ihr Armbändchen ab und legt es vor Valerie auf die Bank. „Hier, das brauche ich nicht mehr.“

Und dann ist es, als wäre ein Damm gebrochen. Plötzlich ist auch Tuley an unserer Seite. Aus den Augenwinkeln sehe ich, dass sich Tim noch rasch einen Schokoriegel schnappt, bevor er uns mit großen Sätzen überholt und nach vorne zu Pablo stürmt. Jetzt kann es nicht schnell genug gehen: Alles drängt zum Ausgang.

„Dann haut doch ab!“, keift Valerie hinter uns her. „Und glaubt bloß nicht, dass ich euch noch mal zu irgendetwas einlade! – Ihr, ihr … langweiligen Spielverderber!“

Ich drehe mich ein letztes Mal zu ihr um. „Das ist kein Spiel, Valerie!“

„Ist es wohl“, entgegnet sie. „Ein Spiel – weiter nichts!“ Valeries Stimme klingt jetzt fast kläglich. Ihre Mundwinkel beginnen zu zittern. Caro hat einen Arm um sie gelegt. Leonie blickt zu Boden.

Pablo hält das Tor für uns auf. Schnell schlüpfen wir nacheinander hindurch, Jule als Letzte. Schweigend laufen wir den Weg zurück, den wir gekommen sind.

Erst als wir schon fast wieder in der Münzgasse sind, frage ich: „Wie konntet ihr da nur mitmachen?"

Selina wird rot bis unter die Haarwurzeln. „Ich weiß auch nicht", sagt sie leise. „Ich dachte, alle wären dabei! Ich hatte Angst, irgendwann die

Einzige in der Klasse zu sein, die nicht in diesem Club ist. Und zuerst … na ja, da war es auch irgendwie toll, weißt du? Spannend eben."

„Ja", sagt Tuley leise, „solange man selbst nicht dran war."

Jule seufzt. „Mir ging es ähnlich! Es schien eben … ja, irgendwie besonders zu sein, in den Club aufgenommen zu werden. Dabei zu sein. Ihr wisst schon: das Armband, die Geheimsprache, jedes Mal all die Süßigkeiten … Ich hatte das Gefühl, die anderen in der Klasse beneiden uns richtig."

Ich nicke.

Die beiden Jungen haben sich etwas abseits gehalten und miteinander geredet. Jetzt fragt Tim: „War Valerie selber eigentlich auch mal dran?"

Tuley überlegt. „Ja, ein Mal. Aber sie hatte Glück, wie üblich. Die Aufgabe war echt läppisch. Valerie musste über eine Mauer auf ein fremdes Grundstück klettern. Das hätte jede von uns mit links geschafft."

„Ich hatte manchmal das Gefühl, dass Valerie den schwarzen Stein genau kennt. Dass sie weiß, wie er sich anfühlt, versteht ihr?", meint Jule. „Sie war ja diejenige, die den Beutel immer mitgebracht hat."

Pablo nickt. „So etwas Ähnliches haben wir uns eben auch gedacht."

„Aber eigentlich spielt es jetzt auch keine Rolle mehr", sage ich.

Selina blickt uns fragend an. „Meint ihr, die drei machen alleine weiter?"

„Nee, so ein Miniclub bringt es doch nicht", winke ich ab.

„Das denke ich auch", sagt Pablo. „Das war's mit dem Club!"

Tim grinst. „Dabei hätte ich noch so super Ideen für echt spannende Aufgaben gehabt ... Wollt ihr mal hören?"

„Halt die Klappe, Tim!", sage ich und knuffe ihn in die Seite. „Sonst lasse ich dich nie mehr Mathe abschreiben."

„Manno", macht Tim enttäuscht.

Pablo grinst und winkt uns über Tims Kopf hin zu. „Tschüss, bis morgen." Die Jungs trollen sich.

„Tschüss." Ich sehe ihnen nach, aber dann fällt mir plötzlich etwas ein. „Wie war das eigentlich mit Fine?", frage ich Tuley. „Hat sie am Samstag etwa bei all dem mitgemacht?"

Tuley schüttelt den Kopf. „Nein, die ist gleich wieder abgehauen. Ihr hat die erste Aktion, die sie gesehen hat, wohl gereicht. Hat sie dir denn nichts davon erzählt?“

Jetzt bin ich diejenige, die einen roten Kopf bekommt. „Ich hab ihr gar keine Gelegenheit dazu gegeben“, sage ich kleinlaut. „Ich war total sauer, weil Fine zu eurem Clubtreffen gegangen ist, ohne mir vorher Bescheid zu sagen.“

„Klar“, nickt Selina. „Ihr zwei macht ja sonst immer alles zusammen.“

„Nicht alles“, widerspreche ich.

„Na, dann eben fast alles“, räumt Selina ein. „Aber du musst doch zugeben: Bei euch beiden kommt keiner dazwischen.“

„Und das findet ihr …“, ich zögere, „irgendwie … blöd?“

Selina und Jule zucken die Achseln, aber dann nicken sie. „Manchmal schon“, meint Jule. „Mal ehrlich, Maja: Ihr seid doch nur mit uns zusammen, wenn eine von euch krank ist.“

Ich überlege einen Moment, aber dann gebe ich ihnen recht. „Da ist was dran. – Und ich verstehe, dass euch das nervt. Also, versprochen: Fine und ich, wir werden uns bessern, okay?“

Selina nickt. „Wir nehmen dich beim Wort, Maja. – Tschüss, bis morgen in der Schule.“ Sie lacht. „Puh, bin ich froh, dass das alles vorbei ist …“

„Und ich erst“, sagt Jule. „Ich kapier einfach nicht mehr, wie wir uns darauf einlassen konnten.“ Sie seufzt. „Na ja, grüß Fine von uns, wenn du sie anrufst.“

„Alles klar! Bis morgen.“ Ich winke den dreien zu. Dann mache ich mich auf den Heimweg.

12. Kapitel

Ende gut, alles gut

Mama hat anscheinend schon auf mich gewartet. „Wo warst du denn, Maja?“, begrüßt sie mich. „So lange kann es doch nicht dauern, ein Rechenheft zu kaufen! Und wo ist das Heft überhaupt?“

Ich zögere. Ob ich Mama alles erzähle? Die ganze Geschichte von Valerie und dem Club? Von dem ganzen seltsamen Nachmittag?

Mama geht zum Küchenschrank. „Nun komm schon, Maja, ich spendier uns eine Tafel Schokolade und du erzählst mir, was los ist!“

Ich winke ab. „Bloß keine Schokolade mehr! Davon hab ich für heute genug.“

Und dann erzähle ich Mama alles. Die ganze Geschichte. Von dem ersten blauen Armbändchen, das in unserer Klasse aufgetaucht ist, bis zu dem Clubtreffen heute Nachmittag.

Mama hört mir aufmerksam zu. Nur hin und wieder schüttelt sie ungläubig den Kopf. Als ich fertig bin, sagt sie: „Nicht zu fassen! Wieso haben sich so viele aus eurer Klasse auf dieses sogenannte

Spiel eingelassen?“ Mama macht eine Pause. Dann fragt sie leise: „Und warum bist du selber heute dorthin gegangen, Maja?“

„Na ja, ich war neugierig. Ich wusste ja schließlich nicht, was da läuft.“ Ich zögere einen Moment, bevor ich zugebe: „Außerdem hatte ich Angst, irgendwann die Einzige in der Klasse zu sein, die nicht in diesem tollen Club ist. Fine und ich stehen doch so schon oft genug am Rand.“

Mama seufzt. „Das kann ich schon verstehen, Maja. Aber glücklicherweise hast du ja rechtzeitig die Notbremse gezogen.“ Sie schüttelt wieder den Kopf. „Ich wusste schon immer, wieso ich etwas gegen diese Art von Geheimclubs habe!“

Mama macht eine kleine Pause, bevor sie weiterspricht. „Du hast es ja selbst erlebt, Maja: Bei solchen sogenannten Spielen geht es nicht um Spaß oder gar um Mut oder Selbstüberwindung, sondern nur um Macht. Macht über andere. Mit Sicherheit wären die Aufgaben immer härter und gefährlicher geworden. Du weißt schon: wertvollere Dinge klauen, im Winter halb gefrorene Eisflächen betreten, auf Brückengeländern balancieren und so weiter. Damit es aufregend bleibt, verstehst du?“ Mama schaut mich prüfend an. „Meinst du wirklich, dass das jetzt das Ende des Clubs ist? Falls nicht, Maja, müssen wir etwas unternehmen!“

„Was denn?“, frage ich erschrocken.

Mama zuckt die Achseln. „Na, mit eurer Klassenlehrerin sprechen. Und mit den Eltern der anderen …“

Ich schüttle energisch den Kopf. „Nein, ich bin sicher, dass der Spuk jetzt vorbei ist.“

„Und falls nicht?“

Ich gebe Mama einen Kuss. „Dann sag ich dir Bescheid.“

„Versprochen?“ Mama schaut mich eindringlich an.

„Großes Indianer-Ehrenwort“, antworte ich und grinse.

„Also gut, Spatz!“ Mama nickt. „Ich glaube sowieso, dass Valerie nicht mehr lange in eurer Klasse bleiben wird.“

„Wie kommst du denn darauf?“, frage ich überrascht.

„Ich war heute im Laden ihrer Mutter.“ Mama lächelt. „Offen gesagt, wollte ich dir so ein Lederarmband kaufen. Das hast du dir doch letztens so sehr gewünscht, weißt du noch? Aber die Bändchen waren ausverkauft. Na egal.“ Mama nimmt einen Schluck von ihrem Kaffee. „Jedenfalls erzählte Valeries Mutter einer anderen Kundin gerade, dass sie den Mietvertrag für den Laden und ihre darüber liegende Wohnung gekündigt hat. Das *Kinder-Paradies* wird Ende nächsten Monats in die Innenstadt ziehen und dort neu eröffnen. Ich vermute, dass Valerie dann die Schule wechseln wird.“

Ich kann nicht sagen, dass mich diese Neuigkeit traurig macht. Aber ich freue mich auch nicht darüber. Heute Nachmittag, als sich Valeries Club urplötzlich in nichts auflöste, hat sie mir fast leidgetan. Aber nur fast.

In diesem Moment klingelt das Telefon. Schon will Mama aufspringen, da gebe ich ihr ein Zeichen und greife selber zum Hörer. Ich ahne, wer da anruft …

„Hallo Fine!“

„Maja!“ Fines Stimme klingt erleichtert. „Endlich! Meine Mutter hat mir erzählt, dass du angerufen hast. Ach, Maja, bist du noch sauer auf mich? Weil ich heimlich bei diesem Clubtreffen war?“

„Na ja, du hättest mir schon vorher Bescheid sagen können.“

Fine seufzt. „Ich weiß ja, dass das blöd von mir war. Aber ich war so neugierig und ich dachte, dass du das nicht verstehen würdest. Ach, es tut mir so leid, Maja! Und du glaubst nicht, was da los ist! Valerie und ihr Trupp, die spinnen total, die …!“

„Nicht mehr“, unterbreche ich Fine. „Der Club hat sich aufgelöst!“ Und dann fange ich an zu erzählen, was am Nachmittag passiert ist.

„Wie?“, fragt Fine nach einer Weile ungläubig. „Tim und Pablo waren auch dabei?“

„Ich denke mal, aus dem gleichen Grund wie wir: Neugier!“, sage ich.

„Bei mir war's nicht nur Neugier", widerspricht Fine leise. „Ich wollte dazugehören, zumindest ein bisschen! Aber als ich mit Selina auf dem Weg zum Marktplatz war, weil sie diesen dämlichen Lolli klauen sollte, da wusste ich, dass ich gerade einen Riesenfehler mache. Doch ich hatte keine Ahnung, wie ich da wieder rauskommen sollte. Irgendwie wollte ich Selina auch nicht im Stich lassen. Also hab ich sie zurück zu diesem dämlichen Treffpunkt gebracht und bin direkt danach abgehauen."

„Das einzig Vernünftige!", sage ich. Dann erzähle ich Fine die Geschichte mit der Spinne. Als ich bei meinem Eingreifen und meiner flammenden Rede bin, ist Fine spürbar beeindruckt. „Wow! Das hast du super gemacht, Maja!"

„Ich bin auch ein bisschen stolz auf mich", sage ich ehrlich. „Aber ich hatte auch mehr Zeit zum Überlegen als du. Ich habe geahnt, dass die da irgendwas ganz Schräges machen. Und als ich gemerkt habe, dass Pablo diese Mutproben genauso daneben findet wie ich, habe ich mich nicht mehr so allein gefühlt."

„Mensch, was für eine verrückte Geschichte!" Fine atmet tief durch. „Du, ich glaube, wir gründen einen neuen Club, den Maja-Fanclub. Was hältst du davon?"

„Ich überleg's mir", sage ich. „Aber jetzt werd erst mal gesund. In der Schule ist es langweilig ohne dich. Das heißt, morgen ziehe ich mal mit Selina, Tuley und Jule los."

Fine scheint einen klitzekleinen Moment zu zögern. Aber dann sagt sie: „Klar, mach das! Nächste Woche bin ich ja wieder dabei. – Das heißt, wenn ich bis dahin nicht eingegangen bin mit meinen tausend Windpockenpusteln! Du glaubst nicht, Maja, wie schrecklich das ist: Es kribbelt am ganzen Körper. An den unmöglichsten Stellen! So als würde eine Horde Ameisen auf mir spazieren gehen."

Ich lache. „Hör auf! Wenn ich dir noch länger zuhöre, fang ich auch gleich an, mich zu kratzen. Mach's gut, Fine, ich ruf dich morgen wieder an."

„Tu das! – Du, Maja?"

„Ja?"

„Ich bin echt total froh, dich zur Freundin zu haben!“

„Danke, Fine!“

Ich lege den Hörer auf – und lächle mir im Spiegel zu. Aber plötzlich stutze ich. Nanu, was ist das denn da für ein kleiner roter Fleck auf meiner Stirn? War der heute Morgen auch schon da? Und warum juckt der plötzlich so fürchterlich? Ist das etwa …? Oh NEIN!

Weitere Bücher von Katja Reider:

Pia Propella ist sauer: Sie muss Hamburg verlassen, um mit ihrer Familie in eine Kleinstadt zu ziehen. Ihr erster Schultag läuft auch prompt schief: Pia wird ausgelacht und verdirbt es sich mit der gesamten Klasse. Am Abend dieses Katastrophen-Tages passiert dann das Unglaubliche: Pia entdeckt einen Trick am Computer ihres Vaters und erhält so die Möglichkeit, die Zeit um vierundzwanzig Stunden zurückzudrehen ...

Katja Reider
Pia Propella und der rattenscharfe Mausklick
127 Seiten, Taschenbuch, illustriert
Hase und Igel Verlag
ISBN 978-3-86760-132-0

Als Toms Mutter ihrem Sohn vorschlägt, Dieter zu seinem Geburtstag einzuladen, kann er es nicht fassen. Dieter, den Klassenstreber! Und dann kündigt Toms Mathelehrer auch noch einen Test an. Für Jonas, seinen besten Freund, bricht eine Welt zusammen. Da hat Malte eine Idee: Tom soll den Test heimlich kopieren. Aber dabei geht alles schief – und ausgerechnet Dieter erweist sich am Ende als echte Hilfe ...

Katja Reider
Tom in der Tinte
112 Seiten, Taschenbuch, illustriert
Hase und Igel Verlag
ISBN 978-3-86760-130-6